REHABILITATED BUILDINGS

Author & Editor

Carles Broto

Editorial Manager & Editor

Arian Mostaedi

Consultant

Xavier Broto, architect

Editorial team

Layout Design: Fernando Graells
Collaborator: Soledad Lorenzo
Editorial Coordinator: Cristina Soler
Art and photo Adviser: Maria Ribas

Photographs

Duccio Malagamba (Instituto Andaluz del Patrimonio Histórico), Pino Musi and Tadao Ando (Fabrica Benetton Research Centre), Luis Ferreira Alves (Pousada en el Convento dos Loios), Jean Marie Mothiers and Benoit Crepet (page 40 below) (Le Musée du theatre forain), Christian Richters (Haus Dub), Markus Tomaselli (Bürombau Vienna Paint), Rick Klein Gotink (Kantoor en Penthouse), Cesare Colombo (Palazzo Cavagna-Sangiuliani), Eugeni Pons (Casa en el casco antiguo de Barcelona), Pep Avila (X'Teresa, Centro de Arte Alternativo), Stefan Couturier (Nouvel Hôtel de Ville de la Flèche), Lourdes Jansana (Teatro Metropol), Roberto Bossaglia (Castello Catrani), Lui Costa (Sola Ruin church), Alberto Piovano (Residenza in Puegnago del Garda), Philip Bier/View (House in Holland Park), Stefan Müller (Wasserturm), Trapp, Oberdorf and Peitz (St. Maximin Sportliche und Kulturelle Zentrum), Klaus Frahm/Contur (Villa Hasenheide), Mimmo Jodice (Casa a Posillipo), Angela Otto, Friederich Ostermann (Alte Nikolaischule), Hélène Binet, Bildarchiv Preußischer Kulturbesitz, archive J.P. Kleihues (Museum für Gegenwart im Ehemaligen Hamburger Bahnhof), Gerald Zugmann (Landesusstellung Kärnten and Kunsthalle Krems), Christian Richters (ING Bank & NNH Headoffices).

© Copyright: Carles Broto i Comerma
LINKS International
Ausias Marc 20, 4-2
08010 BARCELONA
Tel.: 34-3-301 21 99   Fax: 34-3-302 67 97
All languages (except Spanish)

© Copyright: Instituto Monsa de Ediciones.
Spanish language

ISBN: 84-921606-9-1
ISBN complete work: 84-921606-1-6

REHABILITATED BUILDINGS

INTRODUCTION

Rehabilitating architecture involves delving into the past in order to rewrite history and give it new life. To restore, to preserve, to repair, to reconstruct, to intervene… this ambiguous family of terms refers to the same controversial practice that seeks to refurbish old spaces in order to give them a new use, whilst safeguarding their historical character and holding back excessive expressions of genius and personality by the designer. It is a difficult balance involving many conflicts over historical research and technical solutions, in which the architect often comes out as the loser. The harshest critics tend to pick out unequivocally new gestures, the more personal marks of identity, the elements that the professional has distributed throughout the work in order to highlight the dialogue between the freshness of the new language and the majestic character of the venerable building. And though it is true that there are cases of monuments of the past that have been ruined by an unfortunate modern action, it is also true that restored buildings possess a permanent, provocative and fresh present time that contrasts with the dusty image that their detractors have of them. Because —with some magnificent exceptions— architecture preserved in a glass jar as a museum piece reconstructed stone by stone, tends to be sterile architecture, and even sometimes false papier-mâché architecture. When all is said and done, architecture is the paradigm of useful art, and as such it is forced to be continually rejuvenated in order to shelter the users that over the years inhabit it, sleep, eat and work in it, or simply walk through it. The life of a building is rewritten periodically, until one day its doors are closed and it remains dormant, awaiting demolition or rehabilitation. The projects that are presented here cover a wide range of situations that range from the restoration of an old convent to house a modern hotel (the Pousada dos Loios, in Portugal, by José Paulo dos Santos) to the adaptation of a Gothic church for such an unlikely use as a sports centre (the St Maximin Sportliche

Rehabilitar la arquitectura es hurgar en el alma del pasado para reescribir la historia e insuflarle una vida nueva. Restaurar, conservar, reparar, reconstruir, intervenir… esta ambigua familia de términos hacen referencia a un mismo y polémico ejercicio, que busca acondicionar los antiguos espacios para darles un nuevo uso, salvaguardando su condición histórica y conteniendo, en la medida de lo posible, probables excesos de genialidad y autoafirmación por parte del proyectista.

Se trata de un equilibrio difícil, en el que entran en controversia diversos factores de tipo técnico y documental y en el que muchas veces el arquitecto sale mal parado. Los críticos más mordaces suelen apuntar hacia los gestos inequívocamente nuevos, a los signos de indentidad más personales, hacia aquellos elementos que el profesional ha repartido por la obra con ánimo de hacer patente el diálogo entre la frescura del nuevo lenguaje y la majestuosidad del venerable edificio.

Y si bien es cierto que existen casos de monumentos del pasado arruinados por una torpe actuación moderna, también es verdad que los edificios restaurados poseen una actualidad permanente, provocadora, fresca que contrasta con la imagen vetusta que sus detractores poseen de ella. Porque la arquitectura conservada en formol, como una pieza de museo reconstruida piedra a piedra para ser contemplada, suele ser —salvo espléndidas excepciones— arquitectura estéril e, incluso a veces, falsa arquitectura de cartón-piedra. Al fin y al cabo, se trata del paradigma de arte útil, y como tal, está obligado a rejuvenecerse continuamente para abrigar el trasiego de usuarios que a lo largo de los años la habitan, duermen, se alimentan, trabajan o, simplemente caminan por sus interiores. La vida de un edificio se reescribe periódicamente, hasta que un día se cierran sus puertas y queda dormido a la espera de su ruina o de la rehabilitación.

Los proyectos que aquí se presentan cubren un amplio abanico de situaciones que se extienden desde la restauración de un antiguo convento para acoger un moderno hotel (Pousada dos Loios, en Portugal, de José Paulo dos Santos) hasta la adecuación de una iglesia gótica a un

Zentrum in Germany by Alois Peitz). There are operations of special complexity, such as the intervention by Guillermo Vázquez Consuegra in the Charterhouse of Seville (Spain), that of Adrien Fainsilber in the new town hall of La Fleche (France), the delicate rehabilitation of the Metropol Theatre, by Josep Llinàs in Tarragona (Spain) or Josef Paul Kleihues's transformation of the Hamburger Station in Berlin (Germany) into a Contemporary Art Museum. Smaller and subtler works, mainly of a domestic character, are also included, such as the three houses in Italy that were created by the rehabilitation of three Renaissance palazzos by Fausto Colombo, Francesco Delogu & Gaetano Lixi and Ottorino Berselli & Cecilia Cassina; the Water Tower, by Oswald Mathias Ungers; and the house of Enric Miralles and Benedetta Tagliabue in Barcelona. These architects have had to deal with very different periods, covering medieval works, works of the XV, XVI and XIX centuries and even works of the beginning of this century (an Art Nouveau theatre and a house of the Modern Movement are included among them).

Curiously, many of these works were created to meet needs of an ecclesiastic type: though these pages include many works of old palaces, villas and castles, there are many conversions of monasteries, churches, sacristies and convents. Their original spaces, full of suggestions, now accept a new and undoubtedly more profane life.

uso tan dispar como es el de un polideportivo (Alois Peitz, St Maximin Sportliche Zentrum en Alemania).

Se muestran operaciones de especial complejidad, como la intervención de Guillermo Vázquez Consuegra en la Cartuja de Sevilla (España), la de Adrien Fainsilber en el nuevo ayuntamiento de La Fleche (Francia), la delicada rehabilitación del Teatro Metropol, por Josep Llinàs en Tarragona (España) o la restauración de Josef Paul Kleihues de la estación Hamburger de Berlín (Alemania) para transformarla en Museo de Arte Contemporáneo. Y se incluyen también, actuaciones más pequeñas y sutiles, esencialmente de carácter doméstico, como las tres viviendas en Italia, fruto de la rehabilitación de tres palazzos renacentistas, obra de Fausto Colombo; Francesco Delogu & Gaetano Lixi y Ottorino Berselli & Cecilia Cassina; la Torre del Agua, de Oswald Mathias Ungers o la vivienda en Barcelona de Enric Miralles y Benedetta Tagliabue.

Las épocas a las que tuvieron que enfrentarse estos arquitectos son muy variadas y suponen un viaje en el tiempo a través de construcciones medievales, obras de los siglos XV y XVI, volúmenes decimonónicos e, incluso, edificios de comienzos de siglo (un teatro modernista y una vivienda del movimiento moderno figuran entre ellos).

Curiosamente se trata de obras que nacieron, muchas de ellas, para dar cabida a necesidades de tipo eclesiástico: son numerosos los monasterios, iglesias, sacristías y conventos que se ofrecen transformados en estas páginas, aunque también es abundante el número de actuaciones sobre antiguos palacios, villas y castillos, donde sus originales espacios, cargados de sugerencias, acogen ahora una vida nueva e indudablemente más profana o menos mundana.

Guillermo VÁZQUEZ CONSUEGRA

Instituto Andaluz del Patrimonio Histórico (Sevilla, Spain) 1995

La Cartuja de Santa María de las Cuevas can be regarded as a miniature city standing opposite Seville and also fenced in by it, on the banks of the River Guadalquivir. Like any urban entity, it has undergone a continuous process of modification over its five centuries of existence. A dense network of kilns, chimneys, bell towers and spires rises over the island as a witness to its chequered history. Originally, in the fifteenth century, it was a Carthusian monastery, only to become a famous pottery in the first half of the nineteenth century under the management of the English entrepreneur Pickman. The complex became increasingly chaotic and labyrinthine, the more recent industrial structures blending in with and superimposing themselves on the earlier religious buildings to create a unique pattern of relationships between the two.

This was the situation when part of the complex was given a thorough restoration for the Universal Exposition of 1992, which was held on the island. Three years later, another section was inaugurated to house the offices and workshops of the Heritage Institute of the Department of Culture of the Andalusian government, leaving a further section of the complex still to be restored.

The project for this last stage, by the architect Guillermo Vázquez Consuegra, focuses on the so-called Manufacturing Area, characterized by industrial installations and featuring few religious elements. The scheme works from the basis of considering the sector as a conglomeration of parts. It emphasizes its episodic, discontinuous nature and attempts to construct its edges appropriately, add new buildings and complete fragments, at the same time respecting the unique urban quality of the original building with its cloisters, alleys and catwalks.

The first stages of the construction work were carried out without a programme of uses, so that the remains of the old buildings would suggest the route to take. In this way, a new architecture was proposed that sought its origins in the experience of that which already existed. However, the architect stressed the importance of not overestimating the remains for the mere fact of their antiquity, but for their architectural, constructional and historical value. Some elements were therefore demolished, only those considered to be of quality being preserved. The intention was to create an architecture free of formal and stylistic mimicry, capable of inserting itself naturally into the long process of growth and transformation of this group of monumental buildings.

La Cartuja de Santa María de las Cuevas se puede entender como una pequeña ciudad frente a Sevilla, encerrada en sus cercas al borde del río Guadalquivir, y sometida, como todo núcleo urbano, a un continuo proceso de modificación a lo largo de sus cinco siglos de existencia.

Un denso entramado de hornos y chimeneas, de campanarios y espadañas se levanta sobre la isla como testimonio de su ajetreada historia. Primero monasterio en el siglo XV, después célebre fábrica de lozas, dirigida por el comerciante inglés Pickman en la primera mitad del siglo pasado, el conjunto se fue transformando en un complejo caótico y laberíntico, en el que las nuevas estructuras industriales se entremezclaban y superponían a las anteriores, creando un singular sistema de relaciones entre los edificios laicos y los religiosos.

En estas condiciones, y con ocasión de la Exposición Universal de 1992, celebrada en la isla, se llevó a cabo una profunda restauración de parte del complejo. Tres años más tarde, se inauguró otra fracción que alojaría las oficinas y talleres del Instituto del Patrimonio Histórico del Departamento de Cultura de la Junta de Andalucía, y aún queda una parte del conjunto sin restaurar.

El proyecto de esta última fase, realizado por el arquitecto Guillermo Vázquez Consuegra, se concentra en la zona conocida como Area Fabril, caracterizada por las instalaciones industriales y la escasa presencia de elementos religiosos. La intervención parte de la consideración del sector como agregación de piezas, de modo que se concentra en afirmar su condición episódica y discontinua y procura construir adecuadamente sus bordes, añadir nuevas edificaciones y completar fragmentos, respetando la singular cualidad urbana –con sus claustros, callejones y adarves– del edificio primitivo.

Las primeras etapas de la construcción se llevaron a cabo sin un programa de usos, con objeto de que fueran los restos de los viejos edificios los que fueran sugiriendo el camino a seguir. De este modo, se proponía una arquitectura nueva que buscara sus fundamentos en la experiencia de lo existente. Sin embargo, el arquitecto planteó la importancia de no sobreestimar los restos sólo por su antigüedad, sino por su valor arquitectónico, constructivo o histórico. De este modo, se demolieron algunos elementos y se preservó sólo lo que se consideró de calidad, con la voluntad de introducir una arquitectura que, libre de mimetismos formales o estilísticos, pudiera incluirse con naturalidad en el largo proceso de crecimiento y transformación de este conjunto monumental.

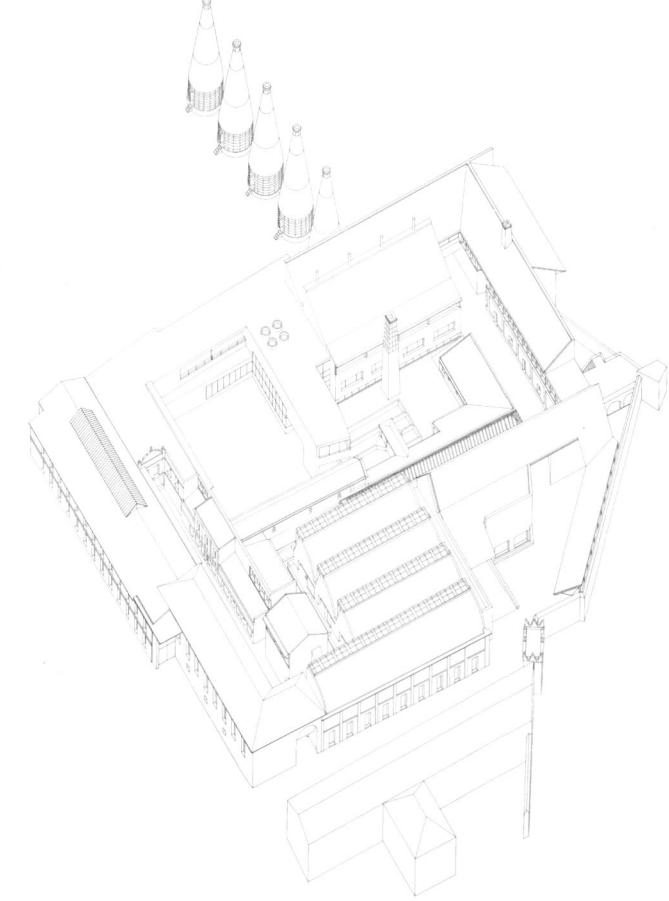

As can be seen in the picture on the right, the interior of the complex is reached through a large archway. Only high-quality existing architectural features were preserved, and those lacking any value were removed.

Tal como se aprecia en la imagen de la derecha, el acceso al interior del recinto se efectúa a través de una gran arcada. Únicamente se ha conservado la arquitectura original de calidad, y han sido eliminados los elementos carentes de valor.

11

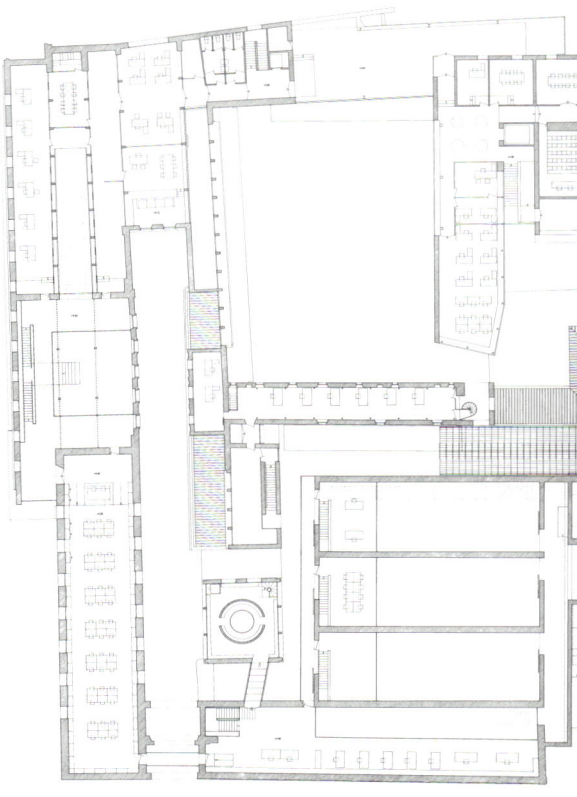

On this double page: views of the historical complex from the outside and from one of the interior courtyards around which it is organized.

En las fotografías de esta doble pagina, imágenes del complejo histórico desde el exterior del mismo y desde alguno de los patios interiores en que se encuentra organizado.

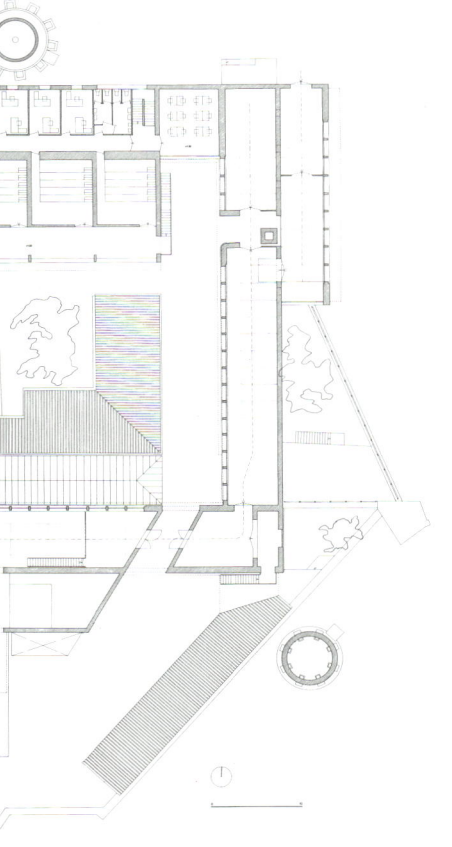

First floor plan / *Primera planta*

Ground floor plan / *Planta baja*

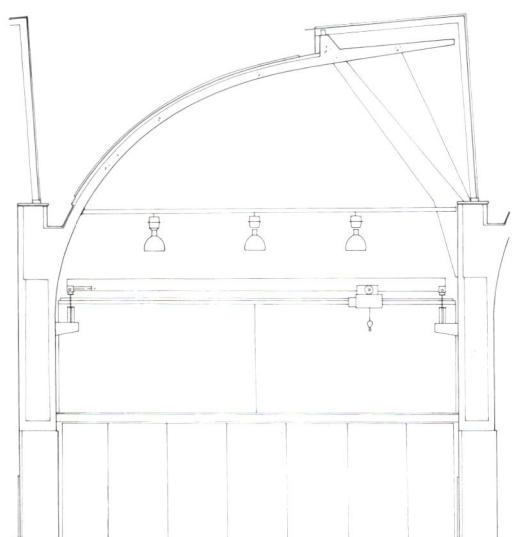

Cross section / *Sección transversal*

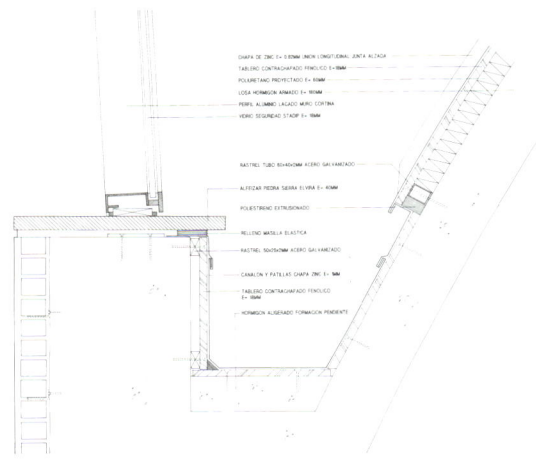

Detail of the roof / *Detalle de la cubierta*

Longitudinal section / *Sección longitudinal*

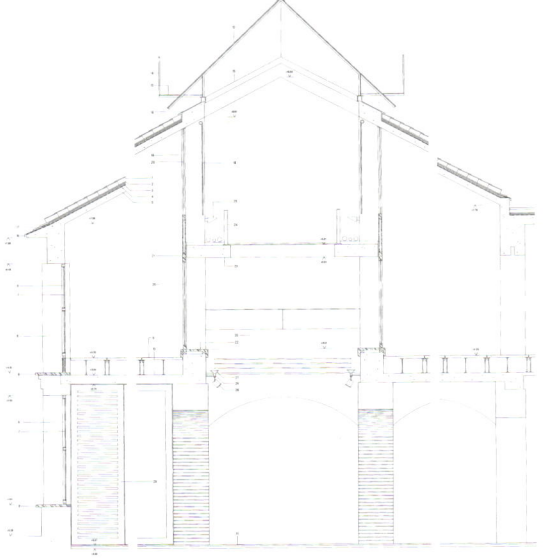

Section through administration area
Sección por la zona de administración

The skylight runs the length of the double-height building that houses the exhibition and administration areas, which stand above the conserved remains of the old warehouses.

Un lucernario recorre longitudinalmente la nave, en doble altura, en la que se encuentran situadas la zona de exposiciones y administración, levantada sobre los restos conservados de los almacenes

Longitudinal section / *Sección longitudinal*

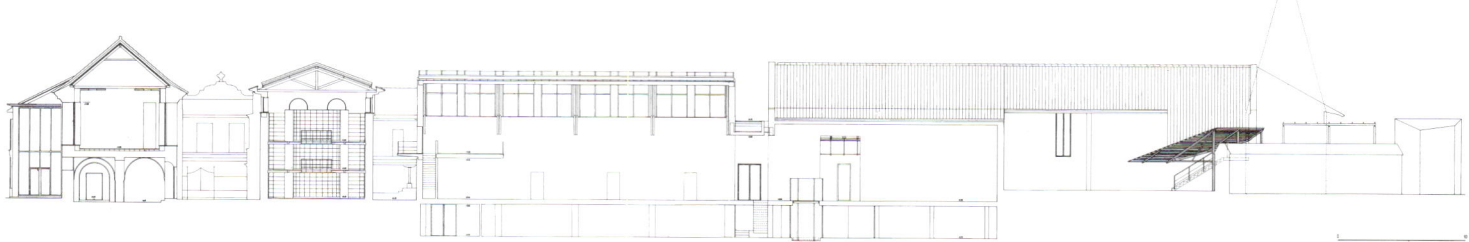

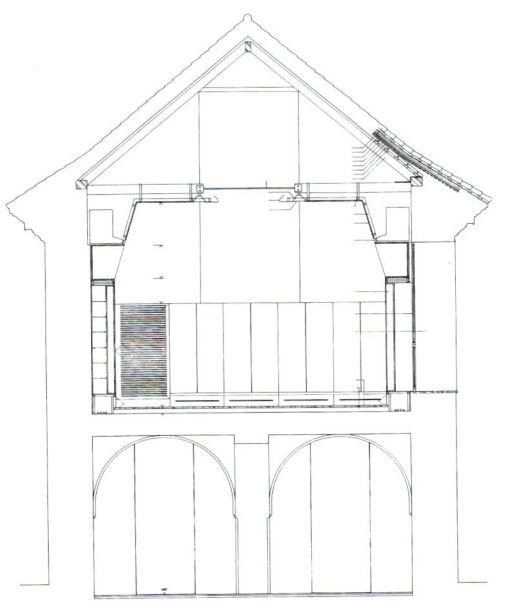

Section through the library
Sección por la biblioteca

The top floor of the volume standing on the west side houses the reading room of the library. The ceiling is lined with boards made of compressed wood shavings.

El cuerpo situado en el lado oeste alberga en su nivel superior la sala de lectura de la biblioteca. El techo de la misma ha sido revestido con placas de madera de viruta prensada.

17

Tadao ANDO

Fabrica Benetton Research Center (Treviso, Italy) 1997

This seventeenth century Palladian villa stands in a suburb of Treviso, a city 30 kilometres from Venice in northern Italy. Restoring this villa was the point of departure for the design of a new art school called Fabrica sponsored by the Benetton Group. It will invite young students from around the world with achievements in realms such as architectural design, photography, graphic art, image media and textiles to explore and create new forms of and uses for the arts, technology and mass media. Through this research centre, students coming together from various international backgrounds exchange their cultures.

The Japanese architect Tadao Ando wanted to express this spirit engaging his serene concrete architecture and the style of the old Italian villa.

The new additions were sought to bring out the old villa's charm and vitality, and induce - within an overall harmony - a mutually catalytic relationship between the old and the new.

The old villa was restored and converted into studios, a lecture hall, a document centre and laboratories. The concrete volume of the lift shaft and the wide curved concrete auditorium wall with its transparent hinged element stand out against the existing volume. The newly-added columns cross the pond and penetrate the old building, forming a strong statement against the flat Venetian countryside.

The new addition is mostly below ground. A spiral-shaped library, an art gallery and other workshops are located around a subterranean rotunda or along a sunken court.

A new colonnaded gallery is built across the site penetrating the old villa. On both sides, a large pond welcomes the visitor and creates an effective scenery with the villa's and columns reflection on the water.

Esta villa palladiana del XVII se levanta a las afueras de Treviso, una ciudad a 30 kilómetros de Venecia, en el norte de Italia. Su restauración fue el punto de partida del diseño de una nueva escuela de arte llamada Fabrica y patrocinada por el grupo Benetton. Este invita a jóvenes estudiantes de todo el mundo y les ofrece talleres de experimentación en campos como el diseño arquitectónico, la fotografía, el diseño gráfico, la imagen de ordenador y el diseño de tejidos. A través de este centro de investigación, los estudiantes –que llegan en grupos procedentes de diversos países– encuentran aquí un punto de interesante intercambio cultural.

El arquitecto japonés Tadao Ando ha querido expresar este espíritu mediante un diálogo entre la serenidad de su habitual arquitectura de hormigón y la de la antigua villa italiana.

Las nuevas adiciones perseguían dotar a la venerable construcción de una joven vitalidad y producir –dentro de la armonía general– una relación explosiva entre los antiguo y lo nuevo.

La vieja villa ha sido restaurada y convertida en talleres, sala de lectura, centro de documentación y laboratorios. Por su parte, la mayor parte de la nueva intervención se desarrolla a nivel subterráneo: una biblioteca, una galería de arte y otros talleres se ubican bajo una rotonda subterránea y a lo largo de un patio hundido. Además, dos volúmenes de hormigón se adosan a los antiguos muros de la villa: la caja del ascensor, que se evidencia fuera del edificio, y un auditorio de hormigón de planta semicircular.

Una nueva columnata recorre el terreno penetrando en la antigua villa. A ambos lados se desarrolla un gran estanque que recibe al visitante y que crea una efectiva escenografía con el reflejo de los edificios y las columnas sobre las aguas.

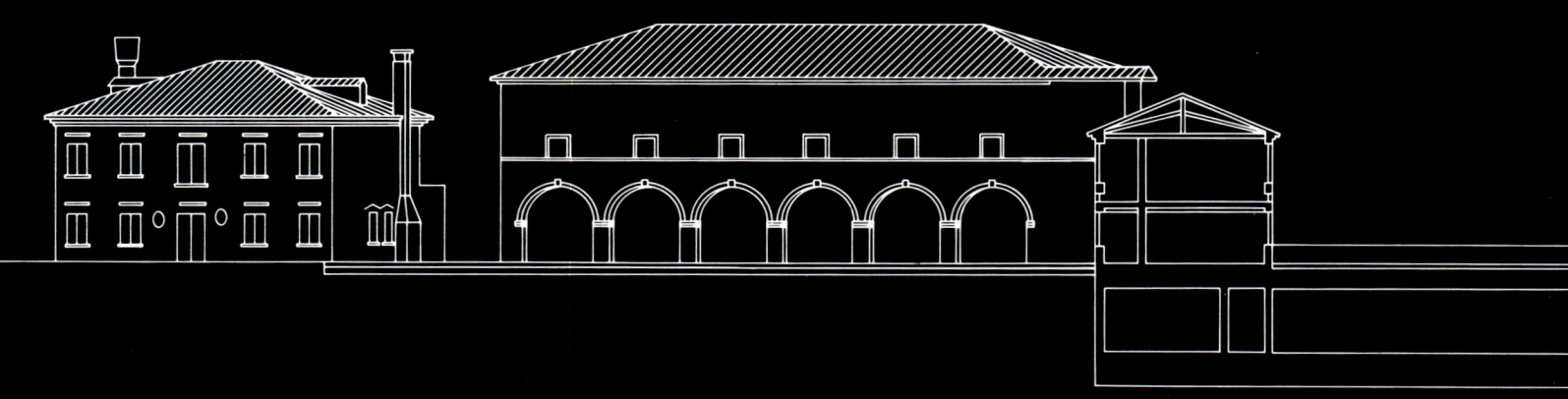

Longitudinal section / *Sección longitudinal*

The rehabilitation and conversion of the ancient Villa Palladiana into an investigation centre is heavily influenced by its magnificence presence.

El proyecto de rehabilitación de la antigua villa Palladiana y su conversión en un centro de investigación ha quedado fuertemente condicionado por su imponente presencia.

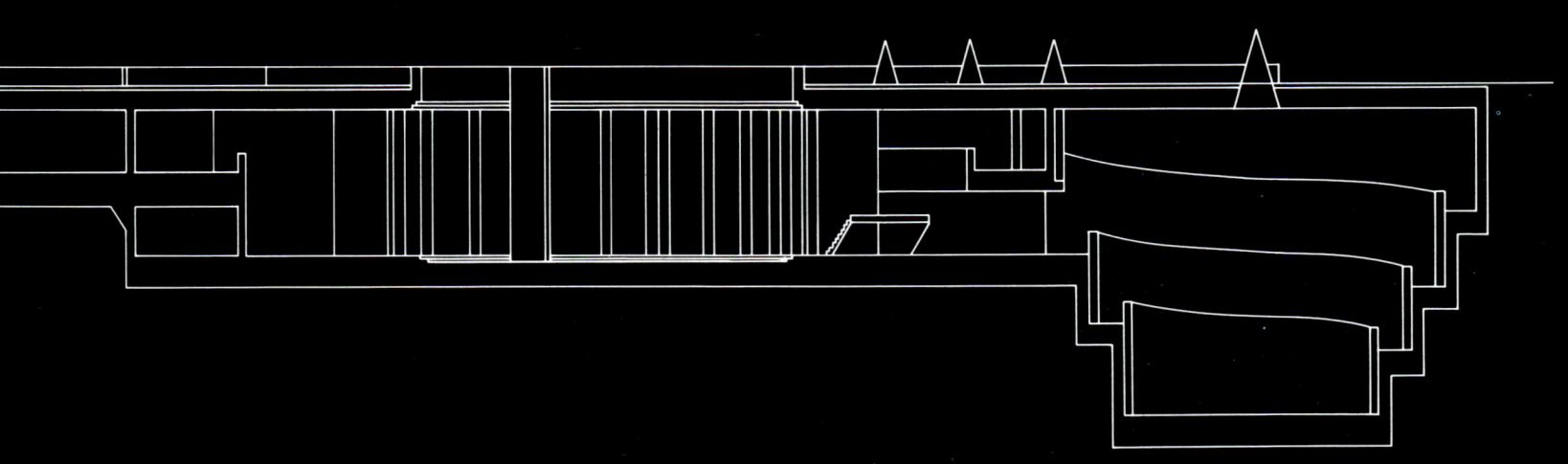

The linear sequence created by the columns reflected in the surface of the water contrasts with the flatness of the Venetian rural landscape and evokes the tranquillity of the surroundings.

La secuencia lineal creada por las columnas reflejadas en la superficie de agua, contrasta con la planeidad del paisaje rural veneciano y evoca, a su vez, la tranquilidad del entorno.

The addition of new architectural elements gives the old building attractive new features and places it in a setting of total harmony.

La adición de nuevos elementos arquitectónicos proporciona al antiguo edificio renovados elementos de atractivo y a su vez lo engloban en un ambiente de total armonía.

Cross section / *Sección transversal*

The forceful expression of the curved exposed concrete wall defining the auditorium on the exterior disappears on the inside thanks to the warmth of the wooden tiers.

La rotundidad con que se expresa en el exterior la pared curvada de hormigón visto que define el espacio ocupado por el auditorio, desaparece en el interior gracias a la calidez proporcionada por las gradas de madera.

José Paulo DOS SANTOS

Pousada en el Convento dos Loios (Arraiolos, Portugal) 1997

The Loios Convent in Arraiolos, southern Portugal, has through time accommodated similar rituals for different functions, being simultaneously a place to be looked into and out of.

Now transformed into a luxurious hotel, the reorganisation of the different functional spaces of the convent accompanies what would be its natural expansion through time. The lower floor — almost completely dug into the earth — houses the service areas with the exception of a room to be used for conferences. The main floor houses the public areas organised around the succession of exterior spaces made up by the cloisters, patio and esplanade. The upper floor houses the bedrooms, some in the old part and the remainder in the new wing.

The convent remains in its built essence very poor. Stuccoes are redone and used throughout. Stone — green xisto and granite — covers most floors. Oak is used in the flooring of bedrooms and upstairs corridor of the new wing. Local marble from unused quarries makes up the facing of bedroom bathrooms. In the interior design, done in collaboration with the architect Cristina Guedes, the oak and cherry wood furniture and other appliances have been made to measure.

Now, as before, without altering the protagonism of the existing structure —keeping all its spatial qualities intact— the addition of a new wing enclosing the eastern patio acknowledges, not only the implicit formal autonomy of the existing, but also the development of its own rules. These keep in line with the character of the materials, austere but simultaneously rich in iconography and forms.

An attempt was made to value forms of building that are still available in this country, being simultaneously spontaneous and generous and showing the relaxed rigour provided by the sunny plains of the south.

El Convento Loios, en la localidad de Arraiolos, al sur de Portugal, ha acogido a lo largo del tiempo rituales similares para diferentes funciones, siendo, al mismo tiempo, un lugar para la contemplación interior y exterior.

Ahora transformado en un lujoso hotel, la reorganización de los diversos espacios del convento sigue el curso de lo que hubiera sido su crecimiento natural a lo largo del tiempo. La planta baja —casi toda ella a nivel subterráneo— acoge las habitaciones de servicio con la excepción de una sala para conferencias. La planta principal alberga los espacios públicos organizados alrededor de la secuencia de los claustros, el patio y la explanada. Por su parte, en el nivel superior se encuentran las habitaciones, algunas en la parte antigua y las restantes en el ala nueva.

El convento conserva su humilde esencia constructiva. El estuco se ha rehecho y se ha utilizado en todo el complejo. Los pavimentos son, como en el pasado, de piedra, excepto en las habitaciones, donde están realizados en madera de roble, así como en el corredor de la nueva ala. Mármol local de canteras en desuso constituye el material de revestimiento de los baños. En el proyecto del interior —realizado en colaboración con la arquitecta Cristina Guedes— el mobiliario -de madera de roble y cerezo- y otros elementos han sido realizados a medida.

Ahora, como antaño, sin alterar el protagonismo de la estructura existente —manteniendo intactas sus cualidades espaciales—, la adición de un nuevo volumen que cierra el patio este demuestra no sólo la autonomía formal implícita en la construcción existente, sino también el desarrollo de sus propias reglas. Estas se mantienen fieles al carácter de los materiales: austeros, pero al mismo tiempo ricos en iconografía y formas.

Uno de los objetivos fue hacer valer las formas de construcción que todavía son posibles en Portugal, siendo al mismo tiempo espontáneos, generosos y mostrando el relajado rigor que proporcionan los soleados planos del sur.

The photographs show several exterior views of the old convent and the extension that was added to it.

Las imágenes muestran varios aspectos exteriores del conjunto, formado por el antiguo convento y la ampliación del mismo.

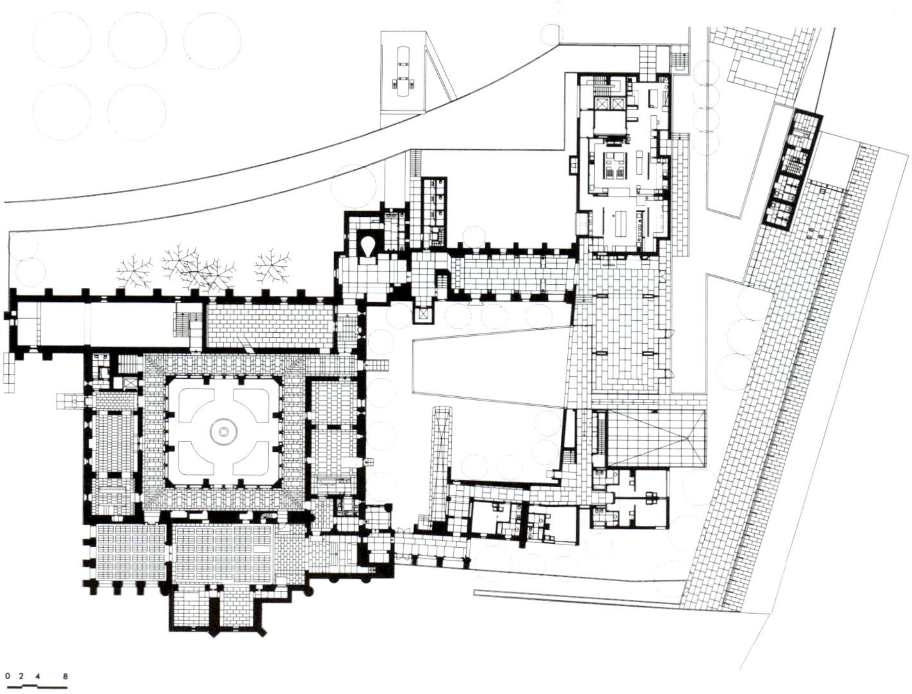

First floor plan / *Primera planta*

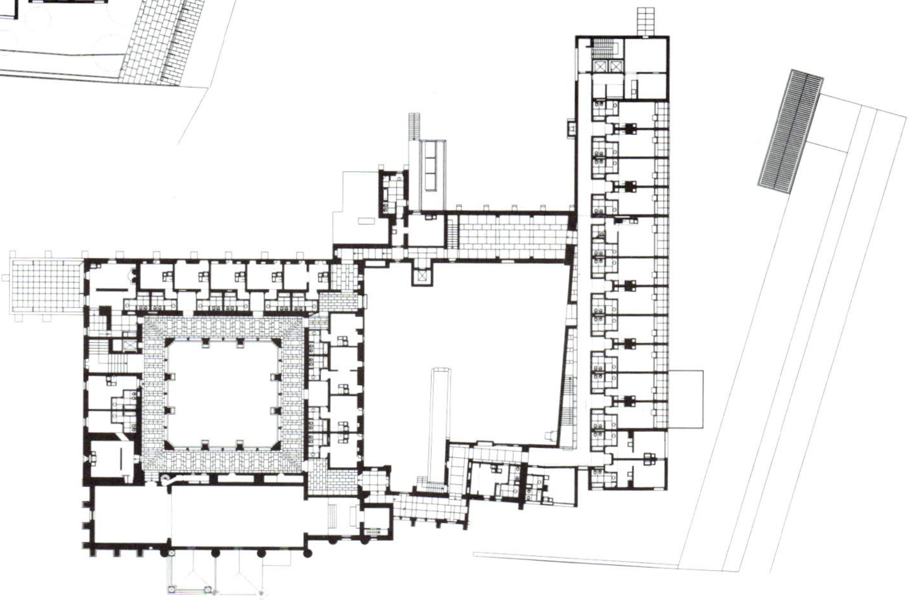

Ground floor plan / *Planta baja*

31

Cross section / *Sección transversal*

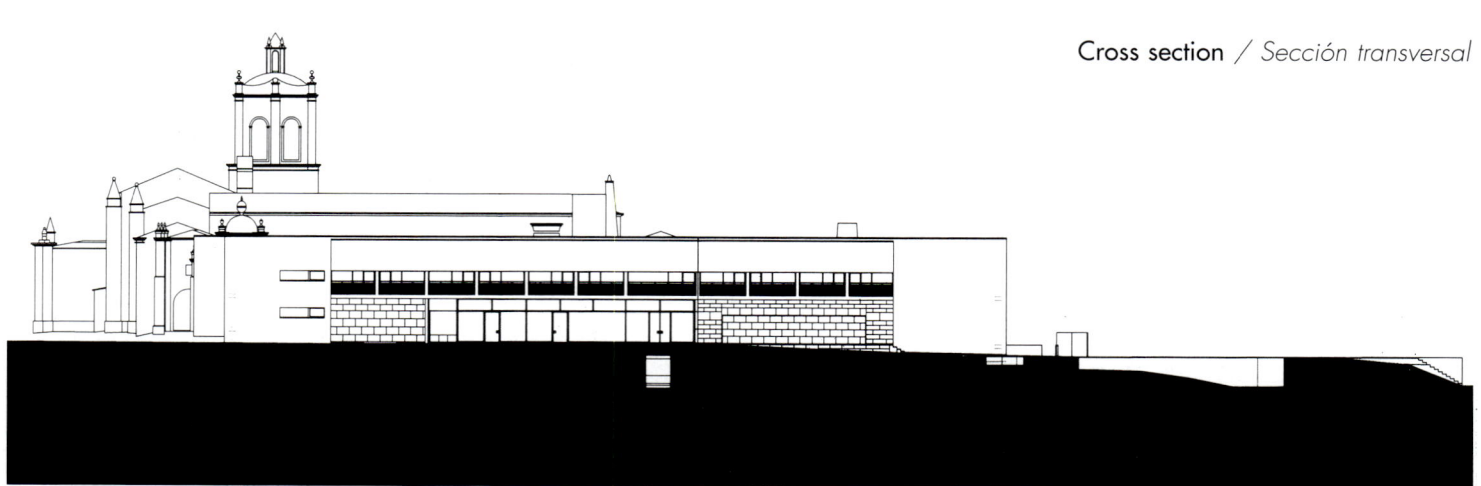

The public spaces of the convent, located on the first floor, are organised around a rhythmic succession of exterior and interior spaces.

Las estancias publicas del convento, situadas en la primera planta, se organizan alrededor de una rítmica sucesión de espacios exteriores e interiores.

East elevation / *Fachada este*

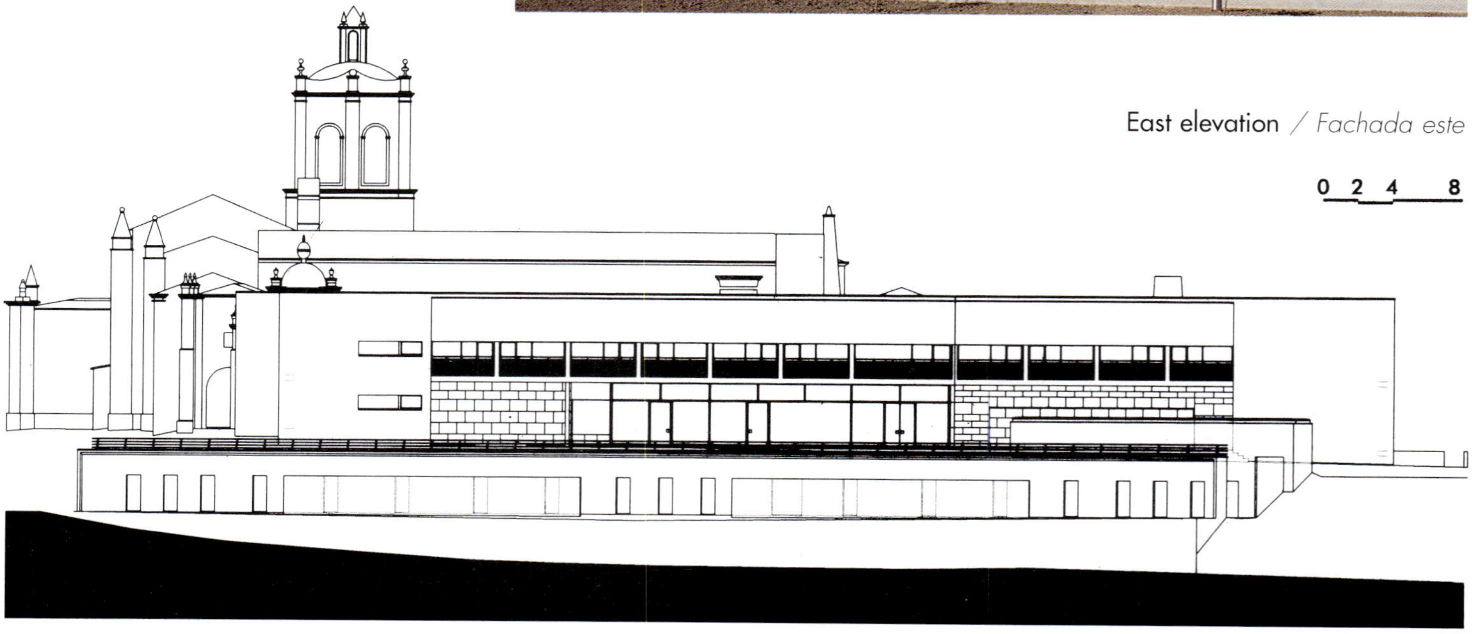

0 2 4 8

Respecting the spirit of the original building, stone remains on all the pavements except in the rooms and the corridors of the new wing, where wood was used.

Respetando el espíritu del edificio original, se ha mantenido la piedra en los pavimentos de todo el conjunto, excepto en el caso de las habitaciones y los pasillos del nuevo ala, donde son de madera.

The materials used in the rehabilitation of the building aim to meet the characteristics of functionality and simplicity typical of a convent. Unity is thus given to the whole.

Los materiales utilizados en la rehabilitación del edificio pretenden atender a las características de funcionalidad y simplicidad que caracterizan un convento. Se consigue de esta forma la unidad del conjunto.

Vicen CORNU & Benoit CREPET

Le Musée du théatre forain (Artenay, France) 1995

After the municipality of the French village of Artenay inherited some years ago the stage property of a troupe of itinerant players, it was decided to create a museum of ambulant theatre as the centre-piece of a whole area's renovation. Apart from the museum, the programme was rounded out by a local archaeological exhibition, reserves and work-shops for the museum of ambulant theatre, plus a documentation centre and a small public library. The only new constructions are a small theatre, reception and administrative spaces, temporary exhibition spaces and a dwelling adjoining the museum.

The architects saw this set of ordinary rural buil-dings as a landscape, federating their diversity into a coherent whole and restoring an old itinerary around a new communal facility.

In order to conserve the balance of the place while asserting its new vocation, the architects magnified the walls which they saw as vital to its identity, and manifested the presence of the new interior facilities by way of the openings.

Windows and doors were redistributed on the existing facades, restored with a careful eye for tra-ditional stonework details. Woodwork and doorways were treated as noble elements and built by local craftsmen. The new wing, designed to close the yard of the Paradis farm that backs onto the mall, shows the same concern for unity and dialogue with neigh-bouring forms.

Permanent exhibition rooms are housed in what was once the main barn of the farm, the structure of which was laid bare and the render renewed. Linked by ramps and a footbridge, they compose a complex itinerary distributed over two levels on either side of the full-height central volume that structures the whole.

Materials suggest refined rustic taste: terra cotta floors, solid woodwork, and render painted white to distinguish restored walls from partitions. The origi-nal door was enlarged and rebuilt with particular care. When it is open wide, the central volume is opened to nearly six metres, transforming the space into a stage for spectators gathered in the courtyard.

Después de que el municipio de la localidad francesa de Artenay heredase, hace unos años, la propiedad de una compañía de actores ambulantes, se decidió crear este museo dedicado al teatro al aire libre, como pieza central de un plan de renovación de toda un área de la ciudad. Además del museo, el programa se completaba con una exposición de arqueología local, almacenes y talleres más un centro de documentación y una pequeña biblioteca. Las únicas construcciones de nueva planta son un pequeño teatro, áreas de recepción y administración, salas de exposición temporal y unos apartamentos ado-sados al museo.

Los arquitectos vieron en este conjunto de construccio-nes rurales un paisaje único y singular, en el que la diver-sidad se podía entender dentro de un todo y donde se podía favorecer la restauración de un antiguo itinerario alrededor de nuevas instalaciones municipales.

Con objeto de mantener el equilibrio del lugar, los arquitectos ampliaron los muros, elemento que encontra-ron vital de su identidad, e hicieron explícita la presencia de los nuevos equipamientos interiores mediante la aper-tura de nuevos vanos.

Y así se reparten ventanas y puertas sobre las antiguas fachadas, que se han restaurado bajo una atenta mirada por los detalles de los antiguos trabajos de piedra. Carpinterías de madera y portones han sido tratados como elementos nobles, realizados por artesanos locales. La nueva ala, diseñada para cerrar el patio de la granja, penetra en el paseo, mostrando la misma preocupación de unidad y diálogo con las formas vecinas.

Las salas de exposición permanente se alojan en los espacios antiguamente ocupados por el establo principal de la granja, donde la estructura de la misma ha sido deja-da al descubierto y las paredes se han revocado de nuevo. Unidas por rampas y una pasarela, estas salas forman un complejo itinerario distribuido sobre dos niveles a cada lado del volumen central de única altura que estructura el conjunto.

Los materiales sugieren un refinado sentido de la rusticid-dad: suelos de terracota, sólidas maderas y revoco pin-tado de blanco para distinguir los muros restaurados de las particiones nuevas. La puerta original ha sido amplia-da y también esmeradamente reconstruida. Cuando ésta se abre en toda su anchura, el volumen central se abre casi seis metros, lo que transforma el espacio en un esce-nario para espectadores congregados en el patio.

Site plan / *Plano de emplazamiento*

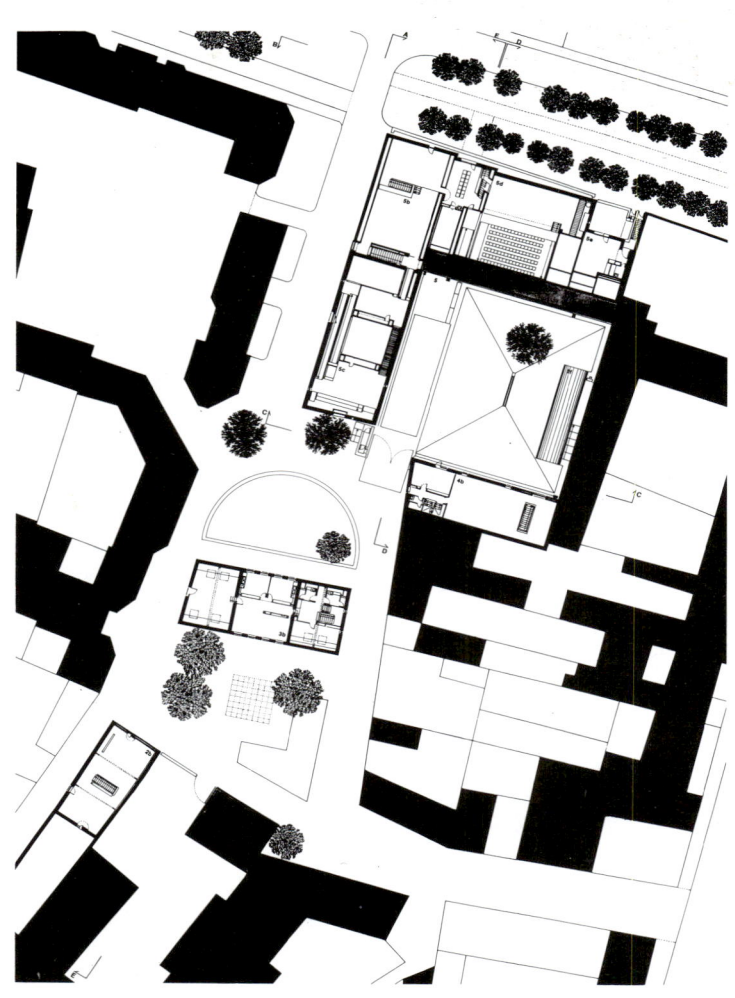

The program consists of the rehabilitation of a set of buildings of agricultural origin. The vocabulary, based on the dialogue between white cloth and woodwork, seeks to unify the buildings.

El programa consiste en la rehabilitación de un conjunto de edificaciones de origen agrícola. El vocabulario, basàdo en el diálogo entre paños blancos y carpinterías de madera, busca unificar el conjunto de las edificaciones.

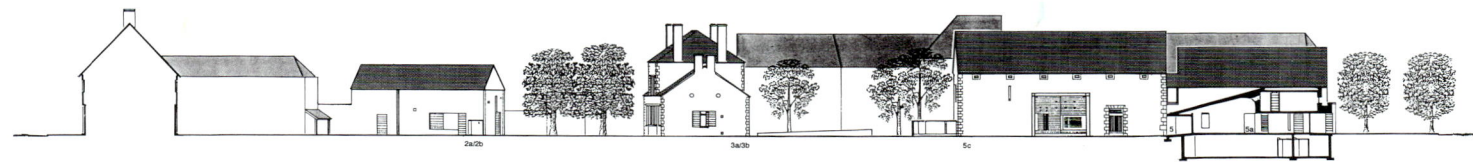

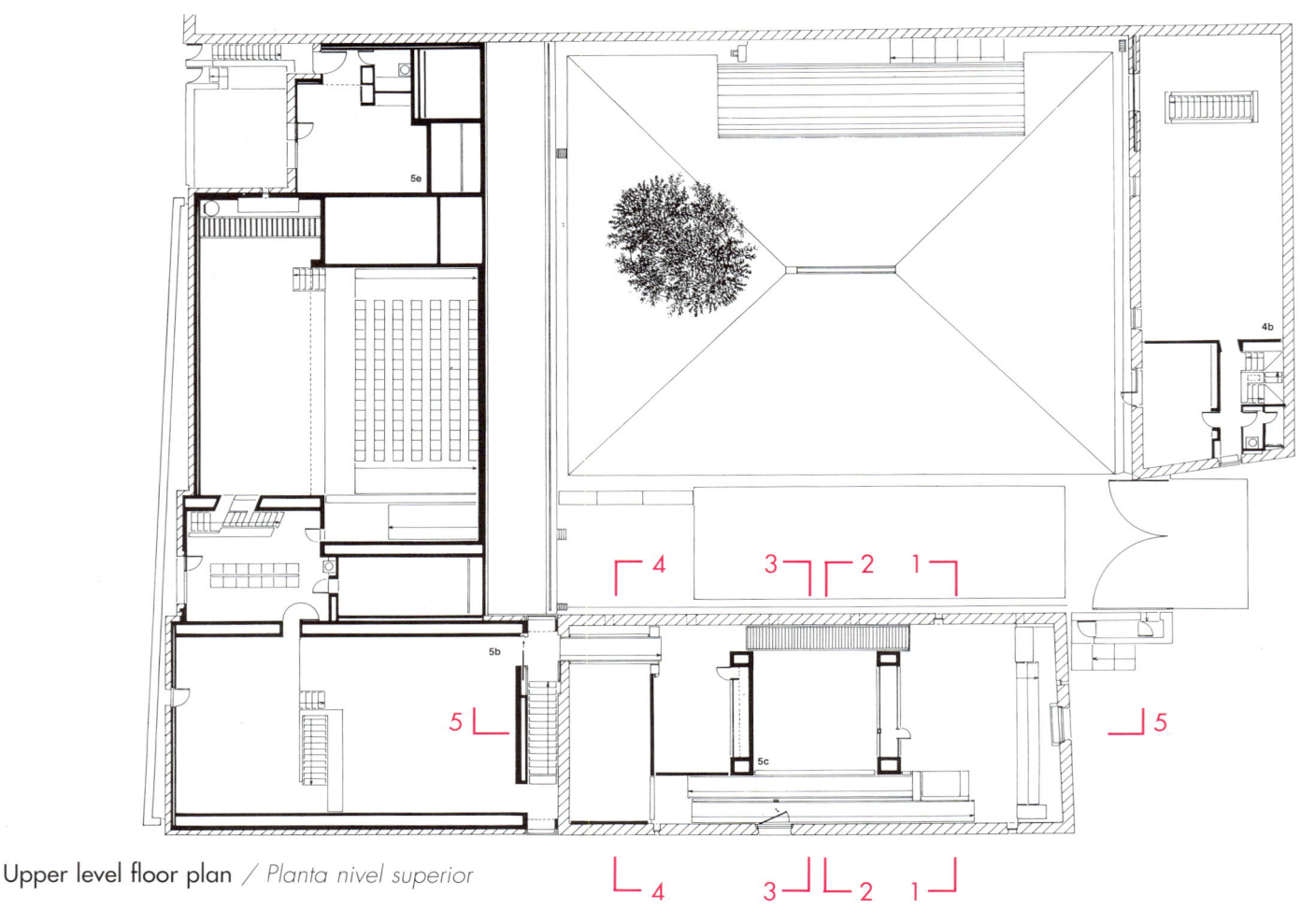

Upper level floor plan / *Planta nivel superior*

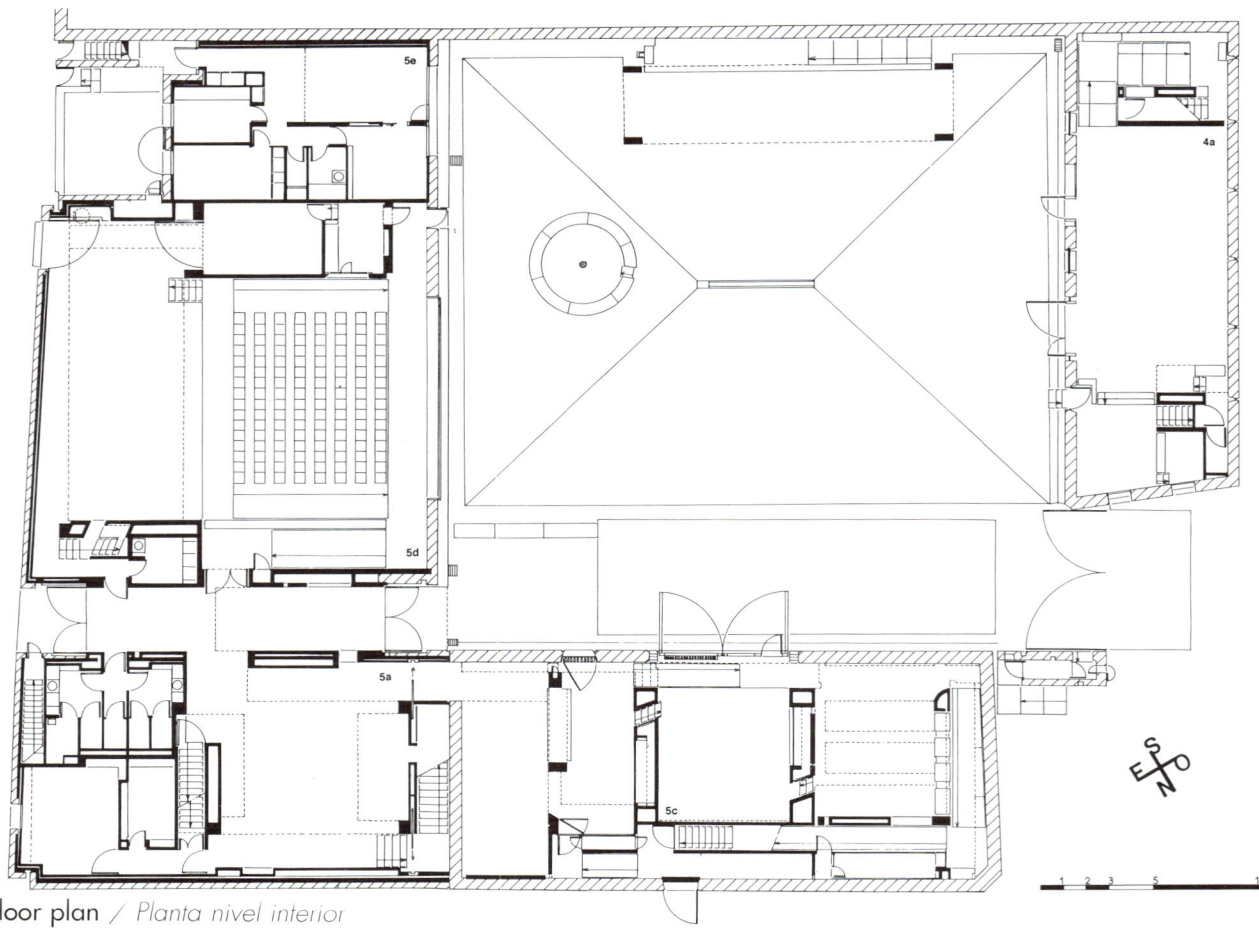

Lower level floor plan / *Planta nivel interior*

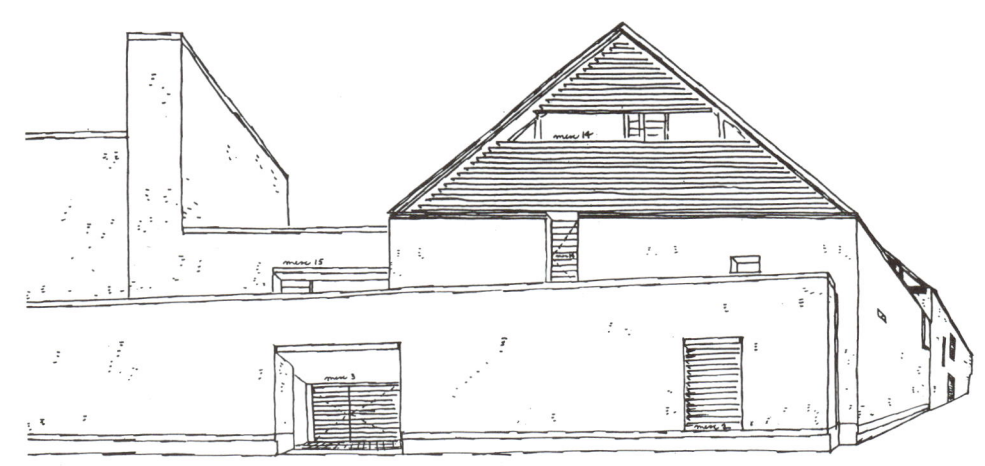

Perspectives of the exhibition spaces
Perspectivas de los espacios de exposición

The museum spaces were organised in an orderly tour in accordance with the rhythm of life of a theatrical company at various times in history. The assembly shows elements referring to the arrival of the actors at a village, various aspects of the performance and their departure.

Los espacios museísticos se han organizado en un recorrido ordenado de acuerdo al ritmo de vida de una compañía teatral en diversos momentos de la historia. El montaje muestra elementos referentes a la llegada de los actores a un pueblo, diversos aspectos de la representación y de su partida.

5-5

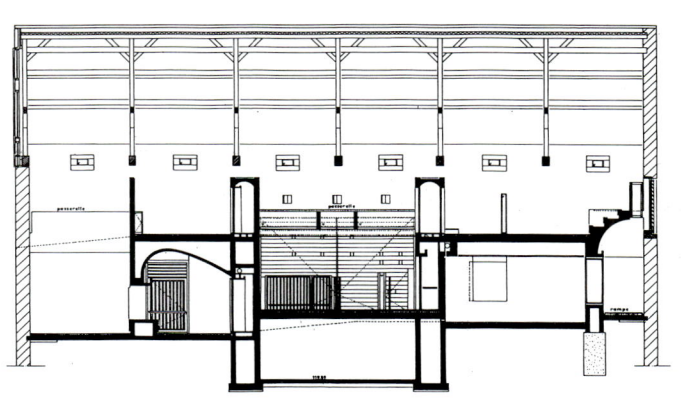

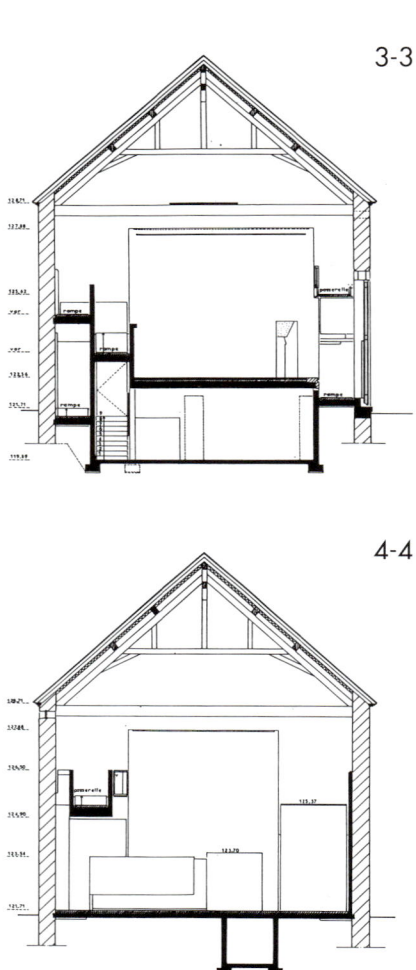

1-1

2-2

3-3

4-4

The central room of the museum is covered by a sculptural truss that has been preserved and restored, as can be seen in the photograph above the caption

La sala central del museo se encuentra cubierta por una escultural cercha que se ha conservado y restaurado, como se aprecia en la imagen sobre estas líneas

The architectural vocabulary of the rehabilitation is attentive to the character of the place and to a knowledge of the local architecture.

El vocabulario arquitectónico de la rehabilitación se mantiene atento al carácter del lugar y al conocimiento de la arquitectura local.

Julia B. BOLLES & Peter L. WILSON

Haus Dub (Münster, Germany) 1994

This small addition to a 1960's Modernist atrium house respects the language of the object in which it is found.

The team of architects Julia Bolles and Peter Wilson have made a careful and exquisite rehabilitation, based, as they declare, in the "fascination for clarity, optimism and simple geometries of the last days of functionalism".

The structure of the original house is transcended through the insertion of a new vertical element, a volume covered by intense blue brick that looks to the internal court. This foreign object, that emphasizes and puts energy into the geometry of the complex, breaks through the artificial horizon of the existing flat roof.

Necessitated by new use requirements (a larger living space, a small studio) the new additions are reduced to five discrete elements: the blue glazed brick wall, the zinc wall, the sun louvers (a new horizontal factor), the internal swing wall and, as a nexus for the whole composition, the central fireplace.

Esta pequeña reforma de una casa atrio, originalmente construida en 1960 y realizada en el estilo del Movimiento Moderno, respeta el lenguaje del objeto en el que se inserta.

La pareja de arquitectos Julia Bolles & Peter Wilson ha realizado una rehabilitación cuidadosa y exquisita basándose, como ellos mismos declaran: "en la fascinación por la claridad, el optimismo y las geometrías simples de los últimos días del funcionalismo".

La estructura de la planta original de la vivienda se revoluciona mediante la inserción de un nuevo elemento vertical, un volumen revestido de ladrillo de un color azul intenso que mira hacia el patio interior. Este objeto extraño, que ensalza y dinamiza la geometría del conjunto, rompe el horizonte artificial de la existente cubierta plana.

El carácter de la nueva intervención responde a los nuevos requerimientos de uso (un salón más grande y la creación de un pequeño estudio) y se reduce a cinco elementos discretos: la pared azul de ladrillos vitrificados, la pared de zinc, las lamas de protección solar (un nuevo plano horizontal), la pared giratoria interior y, sirviendo de nexo para toda la composición, la chimenea central.

Ground floor plan / *Planta baja*

0 0.5 1 2

Existing house / *Edificio existente*   **New addition** / *Nueva intervención*

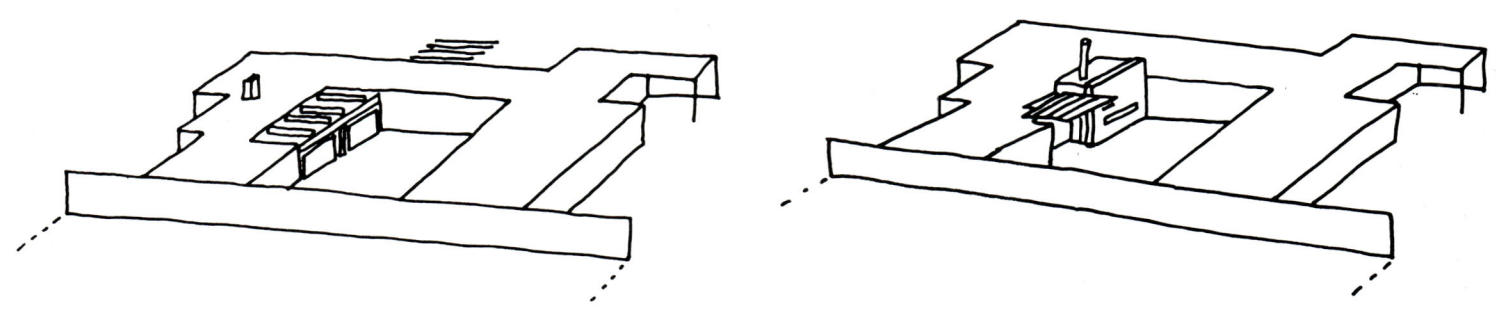

Sketches before and after the intervention / *Bocetos antes y después de la intervención*

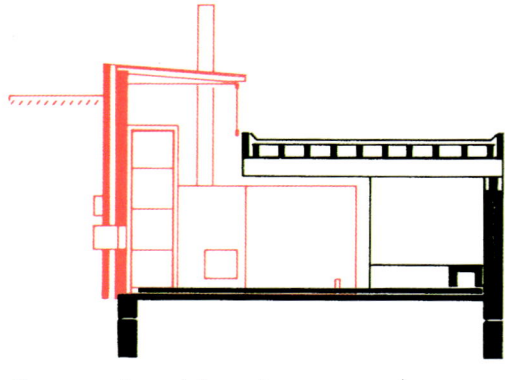

Cross section / *Sección transversal*

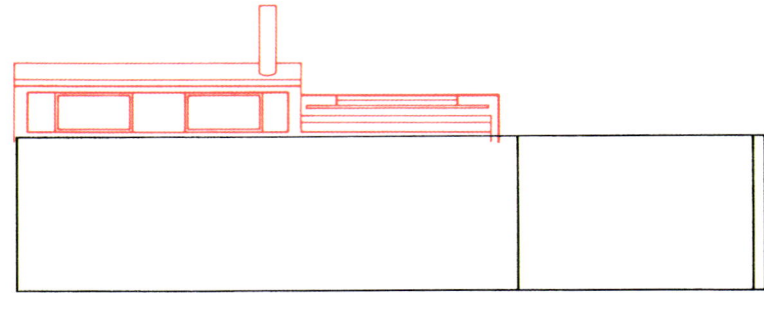

North elevation / *Fachada norte*

The new fireplace, situated in a central position, acts as a link between the existing building and the elements that form the new intervention.

La nueva chimenea, situada en una posición central, actúa como nexo de unión entre el edificio existente y los elementos que conforman la nueva actuación.

South elevation / *Fachada sur*

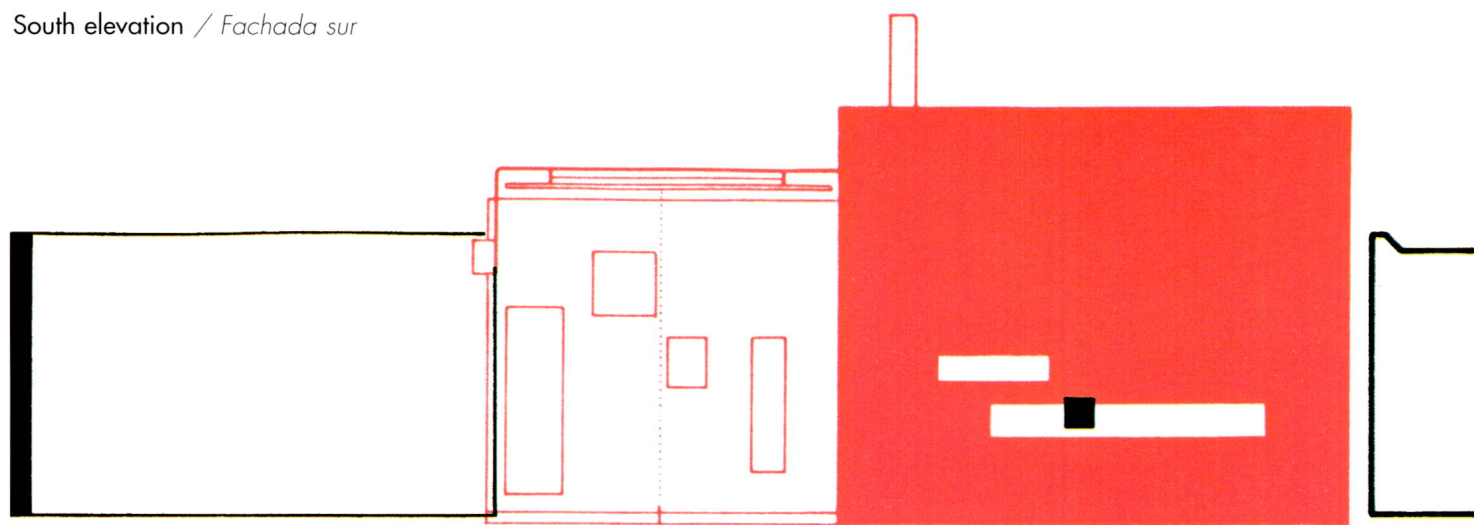

The project aims to solve the problems of space of the existing building by providing sufficient floor area to extend the living room and create a small studio.

El proyecto pretende solucionar los problemas de espacio del edificio existente proporcionando superficie suficiente para ampliar el salón y acondicionar un pequeño estudio.

Cross section
Sección transversal

RATAPLAN

Bürombau Vienna Paint (Wien, Austria) 1994

An industrial workshop dating from 1899 was converted to provide the offices of a digital company. The commision was to contain workstations, computer room, scanner room, film processing equipment, etc., all cross-linked. Each of these fields also had to correspond to different requirements of acoustics, lighting and climate.

It was a very important starting point of the architectural concept to create no cells but to conserve the originally open space and generate views.

On the first floor there are offices, an exhibition space on the ground floor and a coffee house in an annexe. The entrance area is marked by a horizontal steel plate, which acts as a canopy, and a vertical one that leads to the depth of the space. A new staircase carries to the upper level, where the offices are located. This staircase is formulated as an upright element linking the two floors. The existing lift was partly exposed by removing a wall and part of the ceiling. The windows have been enlarged and transformed, now they give views of the industrial chimney and allow it to function inside the space.

In the upper floor the horizontal composition remains, by means of three free-standing, articulated shelf elements. As everything new in the building, these elements are set at an angle of 11° to the existing walls form the backbone of the space and accentuate the perspective. All abbutments to existing walls and the roof are in glass to maintain the sense of spatial continuity.

On account of the different requirements, it had to be possible to close off the individual areas. Between the closed areas are the "work bays" of the zones without special acoustic and climatic requirements. The office in the middle of the space represents the 'market place' where clients are received.

Este almacén industrial, construido originalmente en 1899, ha sido transformado en las oficinas de una compañía dedicada a la elaboración digital de imágenes. El encargo consistía en la adecuación del espacio a los puestos de trabajo, una sala de ordenadores, otra de scanner... todos ellos intercomunicados. Cada uno de estos ámbitos debía también adaptarse a diversas exigencias desde el punto de vista de la climatización, la acústica y la iluminación.

Un importante punto de partida ha sido el propósito de no crear receptáculos cerrados, sino mantener la diafanidad del espacio original y generar vistas desde todos los ángulos.

En primera planta se disponen las oficinas, un espacio de exposición en planta baja y un café en un anexo. El área de entrada se hace evidente mediante un panel horizontal de acero (que funciona además como marquesina), y de otro vertical que dirige la profundidad del espacio. Una nueva escalera conduce al nivel superior, donde se encuentra el ámbito de oficina. Esta se concibe como elemento vertical de unión entre dos volúmenes horizontales, que corresponden a los niveles inferior y superior. El ascensor existente ha quedado parcialmente a la vista tras la demolición de un muro y de parte del techo. Por su parte, las ventanas han sido ampliadas y transformadas, y a través de ellas se puede contemplar la chimenea de la antigua fábrica, visible ahora también desde el interior.

En el nivel superior prevalece la horizontalidad de toda la composición, mediante la colocación de tres elementos de estantes dispuestos libremente en el espacio. Estos forman la espina dorsal de este ámbito y, como todos los elementos nuevos, son colocados de manera que dibujan un ángulo de once grados respecto a los muros existentes, reforzando el efecto de perspectiva. Todas las conexiones entre los nuevos y los antiguos elementos, en las paredes o en los techos, son de cristal: el espacio debe parecer un único ámbito.

Por exigencias de uso, las áreas individuales se tendrían que poder cerrar. En el espacio intermedio entre estas salas cerradas se encuentran las bahías de trabajo, zonas abiertas sin requerimientos acústicos o climáticos específicos. En el centro, un área de recepción representa el mercado, lugar de encuentro con los clientes.

The top photograph shows the outside of the industrial workshop built in 1899. The interior was totally remodelled in order to house new offices.

En la imagen superior, aspecto exterior del taller industrial construido en 1899. El interior del mismo ha sido totalmente remodelado para albergar unas nuevas oficinas.

Axonometric projection
Axonometría

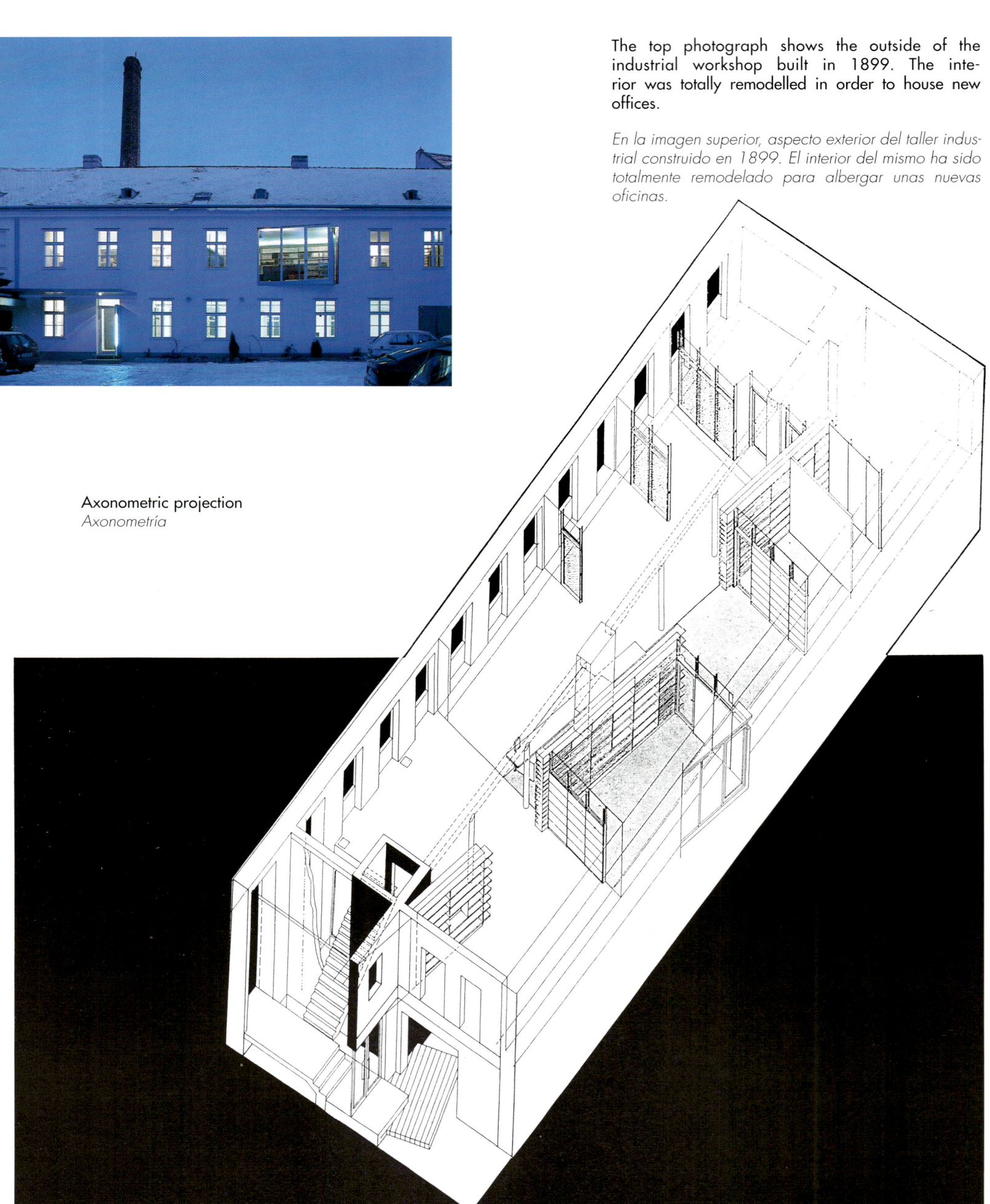

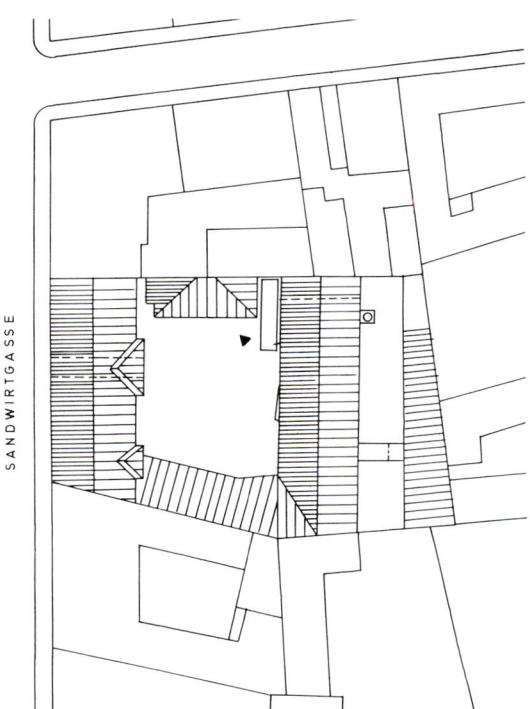

Site plan / *Plano de emplazamiento*

This page shows detailed views of the staircase leading to the upper level, which has been maintained as a single, indivisible space.

En esta página, imágenes detalladas de la escalera a través de la cual se accede al nivel superior. La planta superior se ha mantenido como un único espacio indivisible.

Ground floor plan / *Planta baja*

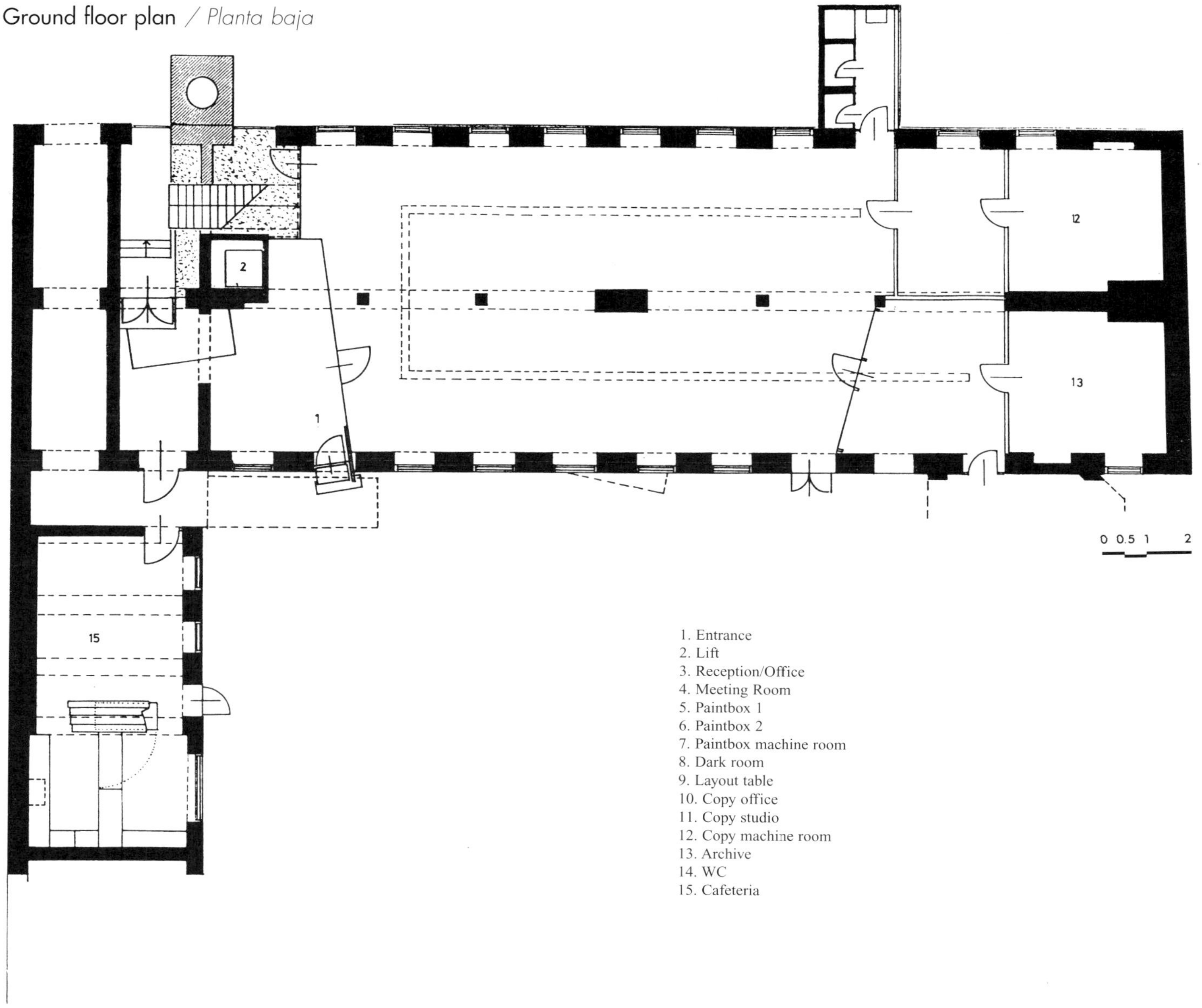

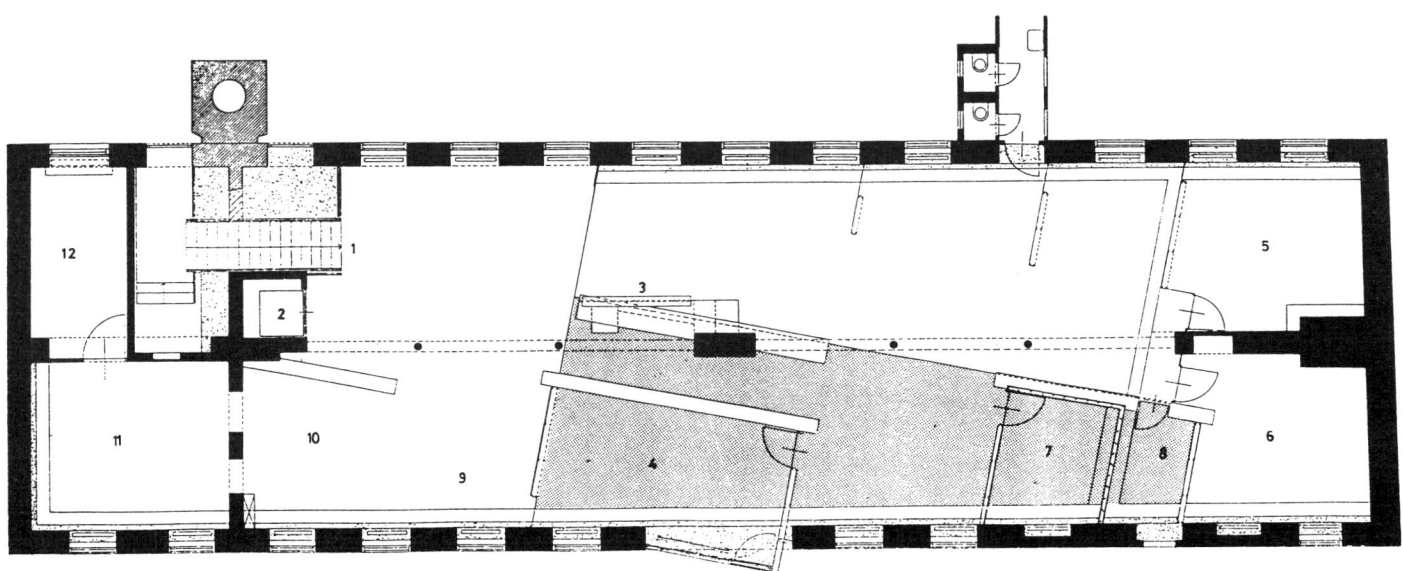

1. Entrance
2. Lift
3. Reception/Office
4. Meeting Room
5. Paintbox 1
6. Paintbox 2
7. Paintbox machine room
8. Dark room
9. Layout table
10. Copy office
11. Copy studio
12. Copy machine room
13. Archive
14. WC
15. Cafeteria

First floor plan / *Planta primera*

As can be seen in the views on the previous page, the elements of glass and perforated metal plate appear transparent and opaque according to the lighting.

Como muestran las imágenes de la página anterior, los elementos de cristal y plancha metálica perforada aparecen transparentes u opacos dependiendo de la iluminación.

Construction detail of the staircase
Detalle constructivo de la escalera

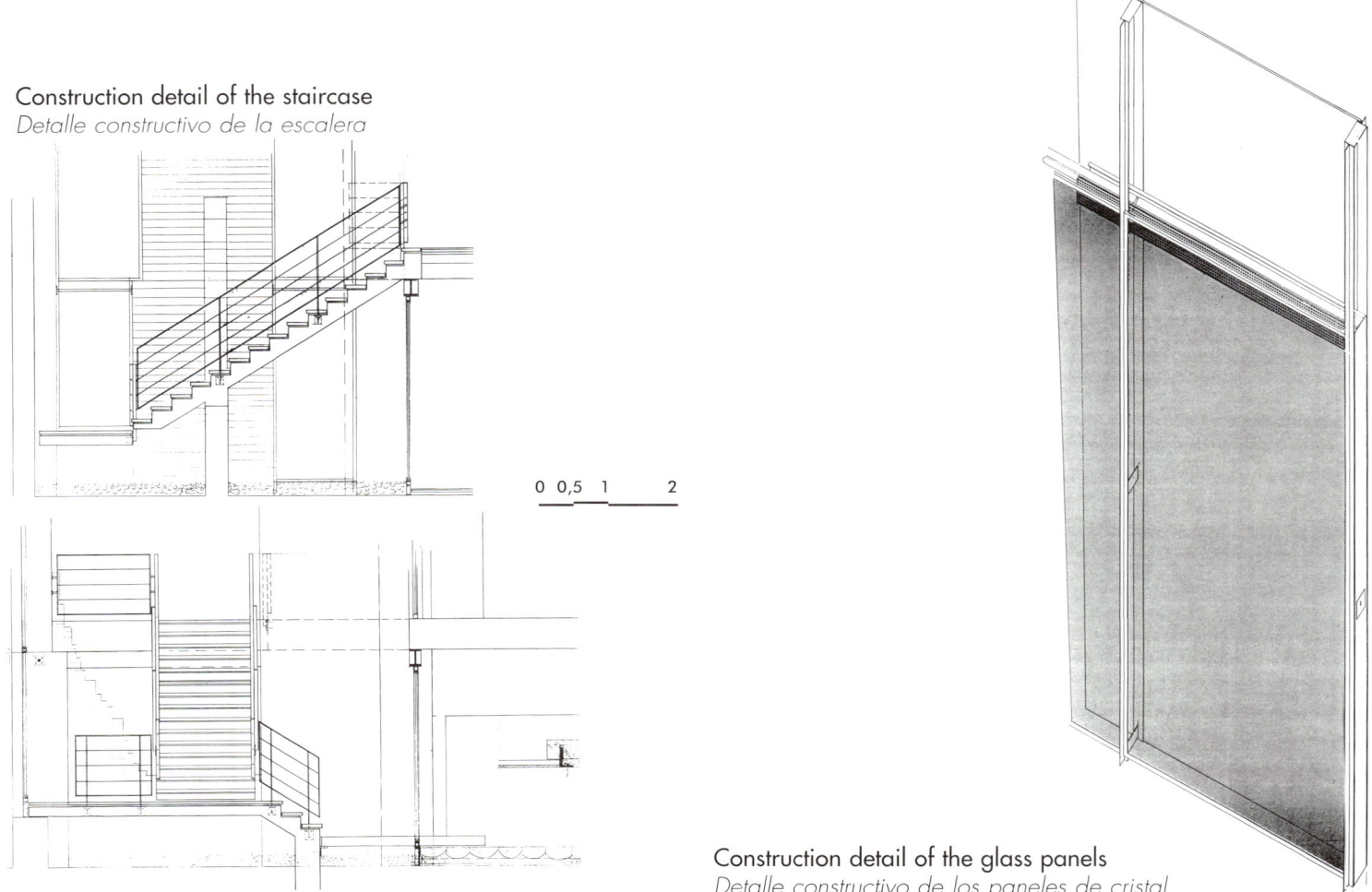

0 0,5 1   2

Construction detail of the glass panels
Detalle constructivo de los paneles de cristal

Three self-supporting shelving units placed at an angle of 11° against the walls of the building articulate the space and accentuate the effect of perspective.

Tres estanterías autoportantes, colocadas en un ángulo de 11 grados respecto a las paredes del edificio, son las encargadas de articular el espacio y acentuar el efecto de perspectiva.

Dick van GAMEREN & Bjarne MASTENBROEK

Kantoor en Penthouse (Amsterdam, The Netherlands) 1993

The project is focused on the restoration of part of three canal houses on the Keizersgracht to serve the needs of the Dutch branch of an international computer company. The office takes up the first floor of a large town house that had been created from the amalgamation of three canal houses. The original interiors have disappeared, and the breaking down of the walls and the levelling out of differences in height between the different buildings have damaged the original layout.

Additions have been treated through the position, the connections and the usage of materials as new elements that do not hide the historical body of the building.

The conversion of the office was the beginning of a plan for the total renovation of the complex. The main concerns were the improvement of the sunlight and daylight penetration, the improvement of the relationship with the spacious back garden (designed by Mien Ruys) and the addition of a number of bedrooms and a second kitchen. Further new vertical and horizontal connections will be made, and other existing connections will be removed.

El proyecto abarca la reforma de tres edificios de viviendas que dan al canal Keizersgracht, en Amsterdam, con objeto de adecuarlo a las necesidades de la sucursal holandesa de una empresa internacional de informática. La oficina ocupa la planta principal del gran edificio que surge de la unión de las tres viviendas. Los interiores originales han desaparecido, y el derribo de algunos tabiques y la eliminación de la diferencia de altura entre los diversos espacios han alterado la distribución original.

Mediante la colocación, las conexiones y la utilización de los materiales, las nuevas adiciones se han tratado como elementos nuevos que no esconden el cuerpo histórico del edificio.

La transformación de las oficinas fue el comienzo de un plan de renovación total del conjunto. Las mayores preocupaciones de los arquitectos fueron mejorar la entrada de luz solar y de luz natural en el edificio, el establecer una relación más directa con el gran jardín posterior (proyectado por Mien Ruys) y la adición de una serie de habitaciones y de una segunda cocina. Aún quedan por realizar nuevas comunicaciones verticales y horizontales y eliminar otras que existían.

Axonometric view showing the various stages of the process
Axonometría con las distintas fases de la intervención

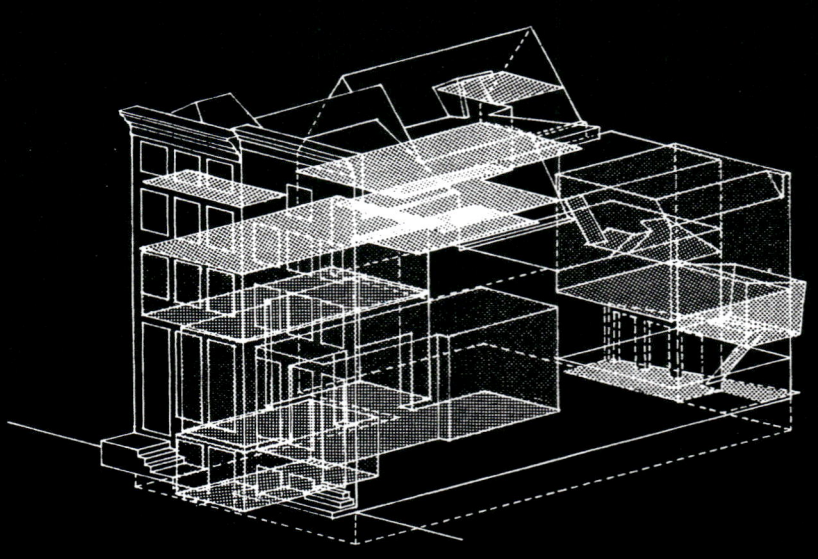

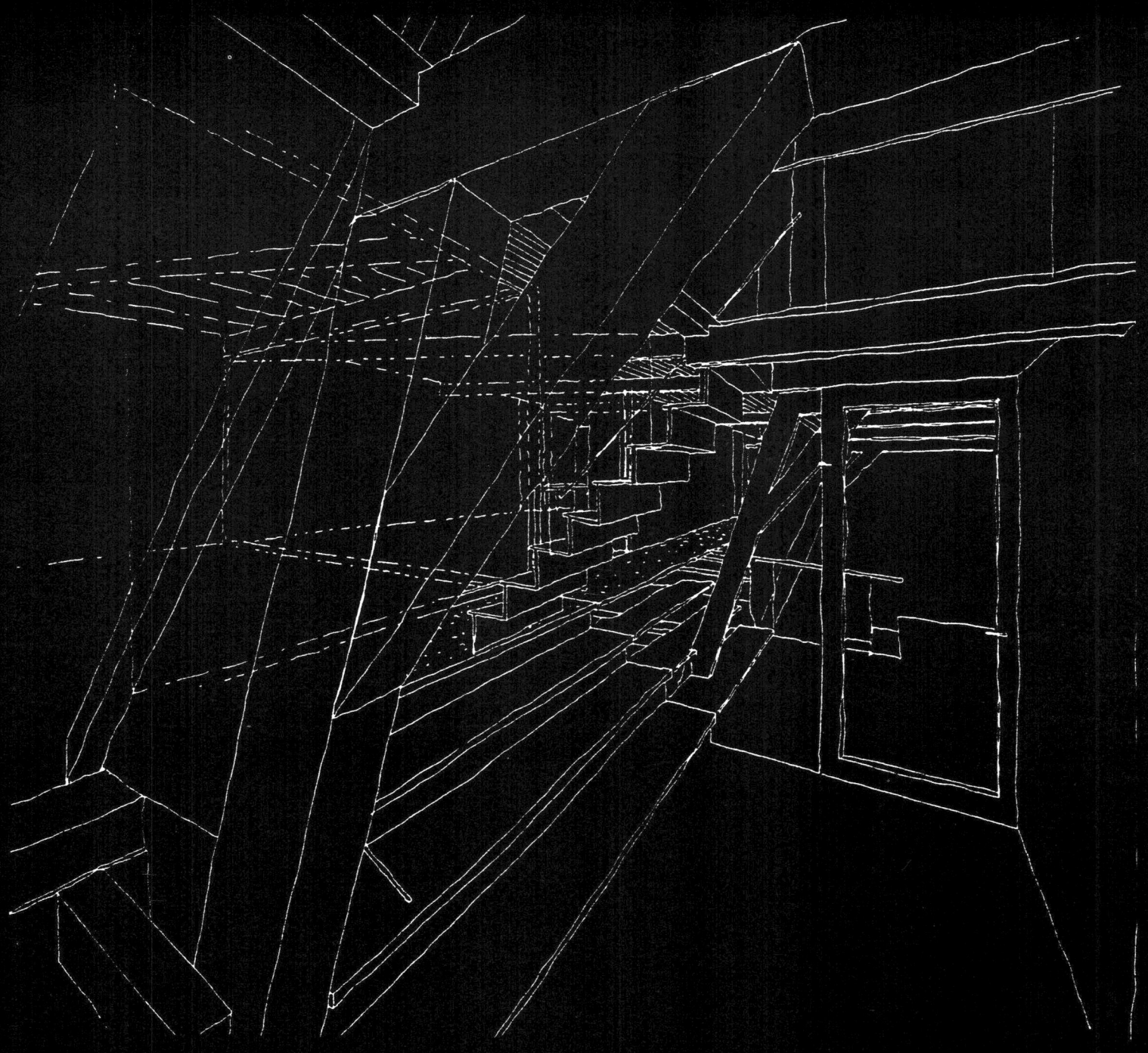

Perspective of the penthouse / *Perspectiva del ático*

On the previous page, a view of the facade which looks out over the interior courtyard. One of the main objectives of the redesigning was to increase the amount of sunlight entering the building.

El la página anterior, vista de la fachada que mira al patio interior de manzana. Uno de los objetivos principales de la remodelación consistió en aumentar la cantidad de luz solar que penetra en el edificio.

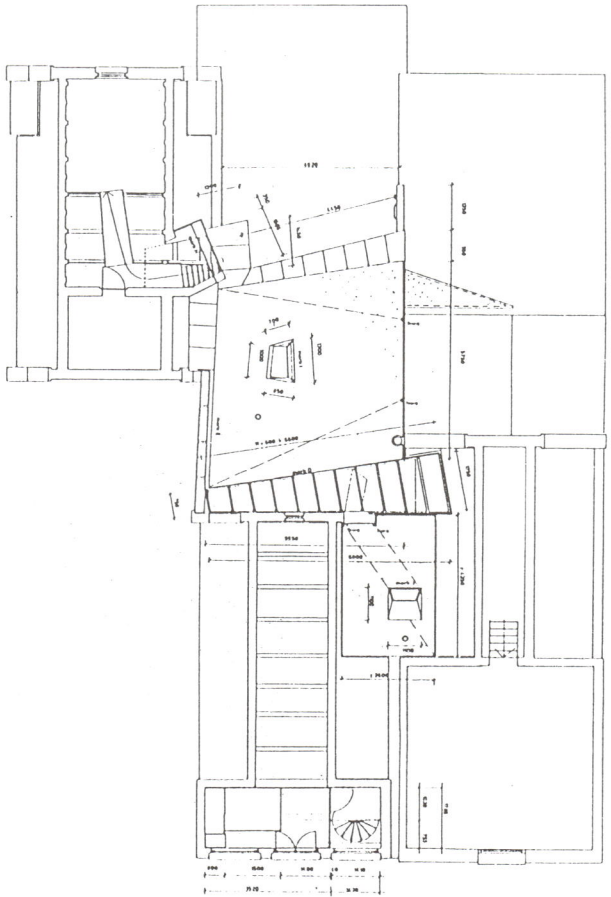

Third floor plan / *Tercera planta*

Second floor plan / *Segunda planta*

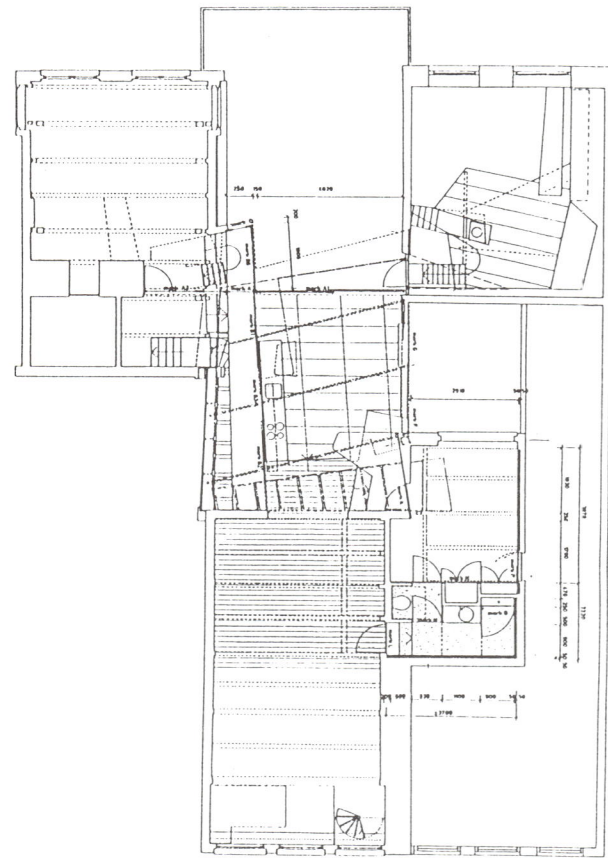

The construction of a rooftop penthouse added several new rooms, including a second kitchen.

La adición de un altillo en la parte superior, ha permitido la incorporación de una serie de estancias nuevas y de una segunda cocina.

The work was done in such a way that the installation of new materials and the creation of new connections does not conceal the original structure of the historical building.

La intervención ha sido realizada de forma que la colocación de nuevos materiales y el establecimiento de nuevas conexiones, no esconde la estructura original del edificio histórico.

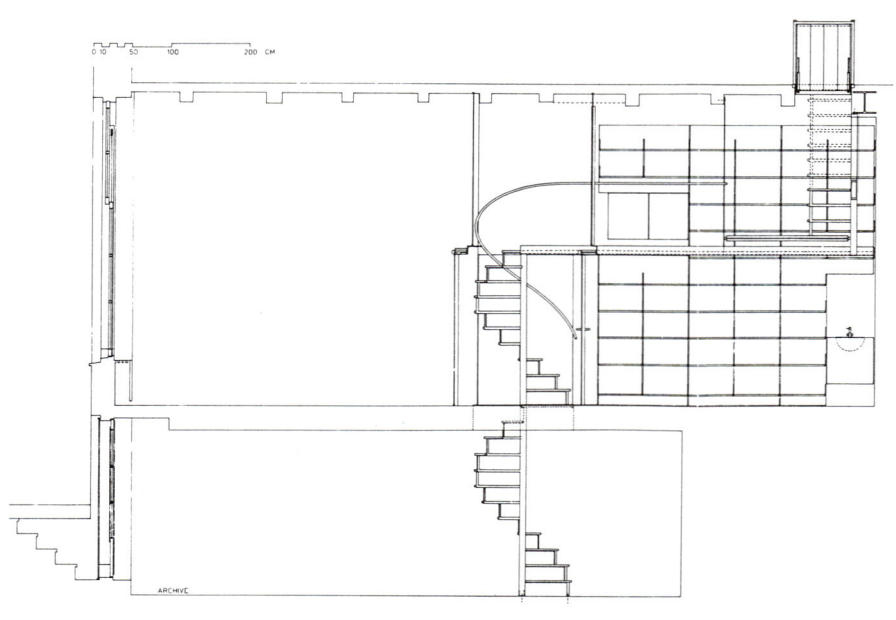

The project establishes new channels of vertical communication by means of a metal spiral staircase, the directional nature of which is underlined by a light banister rail.

El proyecto establece nuevos medios de conexión vertical a través de una escalera de caracol metálica cuya direccionalidad viene marcada por un ligero pasamanos.

Fausto COLOMBO

Palazzo Cavagna-Sangiuliani (Pavia, Italy) 1995

With its F-shaped plan, Palazzo Cavagna-Sangiuliani in the centre of old Pavia is an interesting example of late Quattrocento Pavian architecture - renaissance architectural design had to be adapted to the spatial constraints of a medieval urban fabric - that also testifies to the stylistic changes of later centuries. Skilful restoration of the almost derelict palazzo to convert it into a home and a notary's office has removed these later additions to reveal the hidden symmetries, rhythmical scansion and frescoes of the original structure. The de-composition and subsequent re-composition of the various parts has made the palazzo a multi-purpose building once again. The restored building is laid out around three courtyards on three floors, each serving a particular function.

The ground floor is devoted entirely to offices. With direct access from the street, the large vaulted hall houses the reception and secretarial office. The hall divides the meeting room from the notary's private office and is the hub of the office complex. The meeting room has walls decorated with renaissance frescoes of the Lombardy school (the maidens and hunting scenes are unusual in Pavia), a coffered ceiling and an oak and walnut floor bordered with stone. A camber-arched wall with glass in the upper part and sliding leaf doors below separates the meeting room from the waiting area.

The first floor is the day area of perspectively sequenced rooms placed along the internal facade. The wooden ceiling and the stone floor are linked by their geometric design.

The second floor houses the spaces for study and rest. What it loses in distributive clarity, it gains in composition and in the variety of unusual elements. The homogeneity of the treatment of walls and floors and the diffuse luminosity tend to provide visual uniformity. This conversion aims to recover the image of the residential *palazzo* structured around a courtyard and open to the city, thus contributing to the reorganisation of the old centre and the requalification of the environmental context.

Con su planta en forma de F, el Palazzo Cavagna-Sangiuliani, en el centro del casco histórico de Pavía, es un interesante ejemplo del Quattrocento tardío en esta ciudad –el diseño arquitectónco del renacimiento tuvo que adecuarse a las constreñidas trazas del casco medieval– que también testifica los cambios estilísticos de los últimos siglos.

Una hábil restauración del casi destruido palazzo, para convertirlo en vivienda y despacho de un notario, ha removido estas últimas adiciones para revelar simetrías ocultas, rítmicas medidas y frescos de la estructura original. La descomposición y la consiguiente recomposición de varias partes ha devuelto al palazzo su carácter multifuncional. Y así, el edificio restaurado se desarrolla en torno a tres patios sobre tres niveles, cada uno destinado a cumplir una función determinada.

La planta baja se destina a oficinas. Con acceso directo desde la calle, el gran vestíbulo abovedado acoge la recepción y el ámbito de secretariado. Este vestíbulo separa la sala de reuniones del despacho del notario y es el eje de comunicaciones de este nivel. Uno de los restos más importantes de esta planta son los frescos rencentistas de la Escuela lombarda (las imágenes de doncellas y las escenas de caza son inusuales en una ciudad como Pavía) que decoran los muros de la sala de reuniones. Además, esta sala posee techos artesonados y pavimentos de roble y nogal bordeados con piedra.

La primera planta es el área de servicios, que se desarrolla a través de una secuencia de habitaciones a lo largo de la fachada interior. Aquí, los techos de madera y los suelos de piedra encuentran su unidad en los motivos geométricos de su diseño.

Por su parte, la segunda planta acoge las zonas de estudio y descanso. Lo que se pierde en distribuir claridad, se gana en composición y en la variedad de elementos inusuales. La homogeneidad del tratamiento de los muros y suelos y la luz difusa tienden a dotarlo de una uniformidad visual.

Esta intervención trata de recobrar la imagen del palazzo como espacio residencial en torno a un patio y abierto a la ciudad, además de contribuir a la reorganización del viejo centro urbano y la recualificación de su entorno

The building is organised spatially through two inner courtyards separated from the body of the building through a third courtyard. These can be accessed directly from the street.

El edificio se organiza espacialmente mediante dos patios interiores separados del cuerpo del edificio mediante un tercer patio. El acceso a los mismos puede realizarse directamente desde la calle.

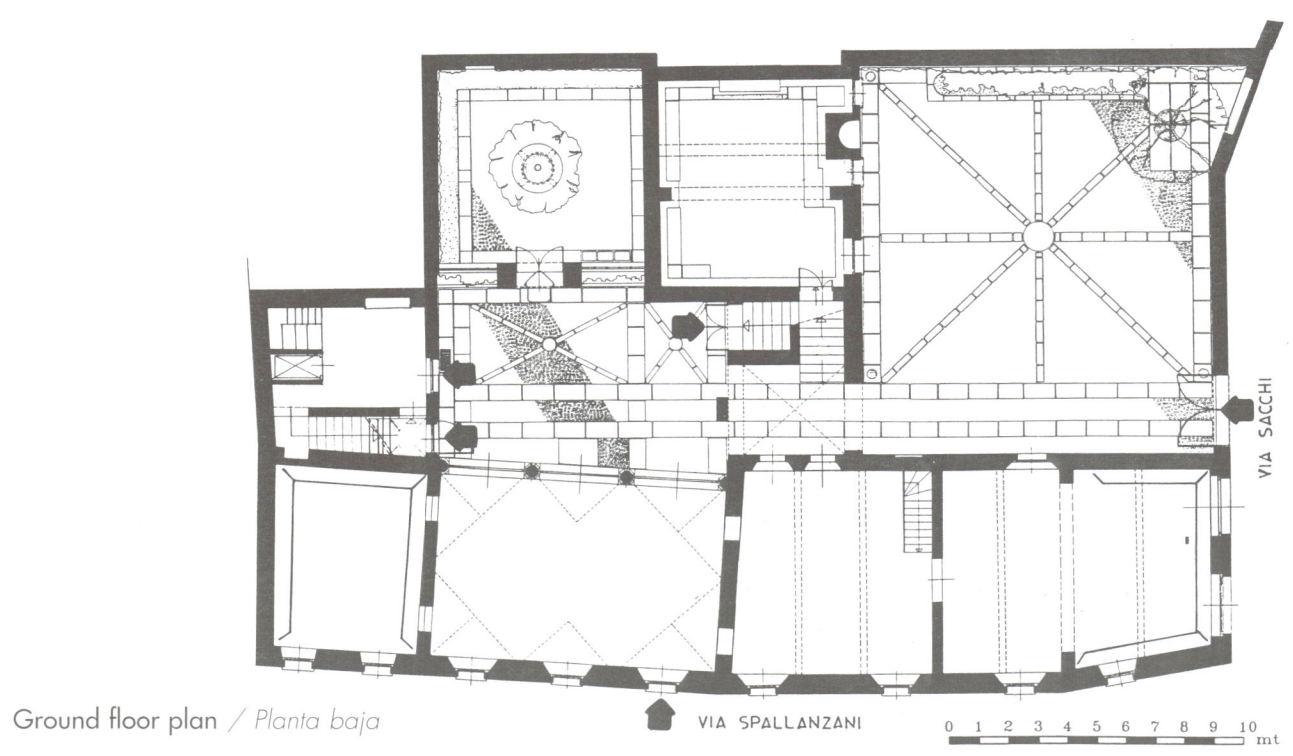

Ground floor plan / *Planta baja*

VIA SACCHI

VIA SPALLANZANI

0 1 2 3 4 5 6 7 8 9 10 mt

In the second inner courtyard the pavement
has been restored. It is built of river pebbles in
the Lombardy style, following a geometric
plan traced in stone.

*En el segundo patio interior se ha restaurado el
pavimento, construido mediante guijarros de río "a
la lombarda", siguiendo un esquema geométrico
realizado en piedra.*

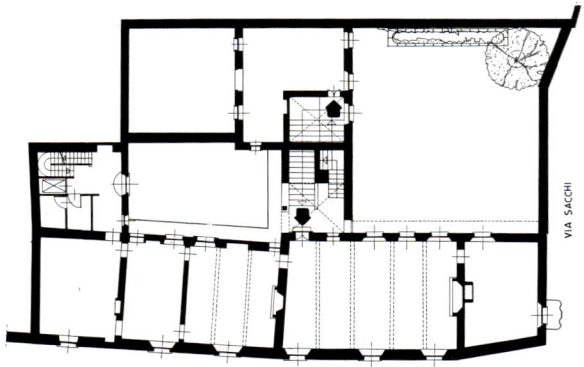

First floor plan / *Primera planta*

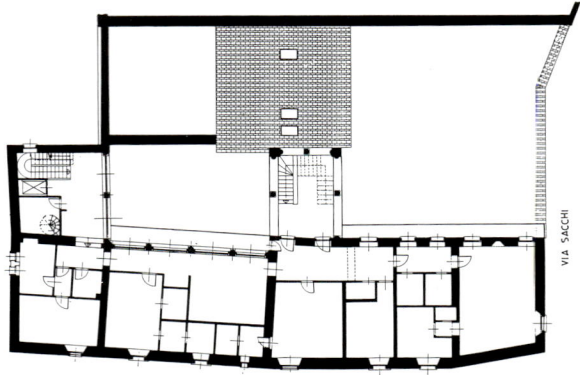

Second floor plan / *Segunda planta*

The upper floor opens onto the inner courtyard through a loggia supported by free-standing stone columns crowned by small capitals. This loggia runs along the whole length of one of the outer walls of the second courtyard.

La planta superior se abre al patio interior mediante una loggia sustentada por columnas exentas de piedra, coronadas por pequeños capiteles. La loggia recorre en toda su longitud uno de los muros perimetrales del segundo patio.

Longitudinal section / *Sección longitudinal*

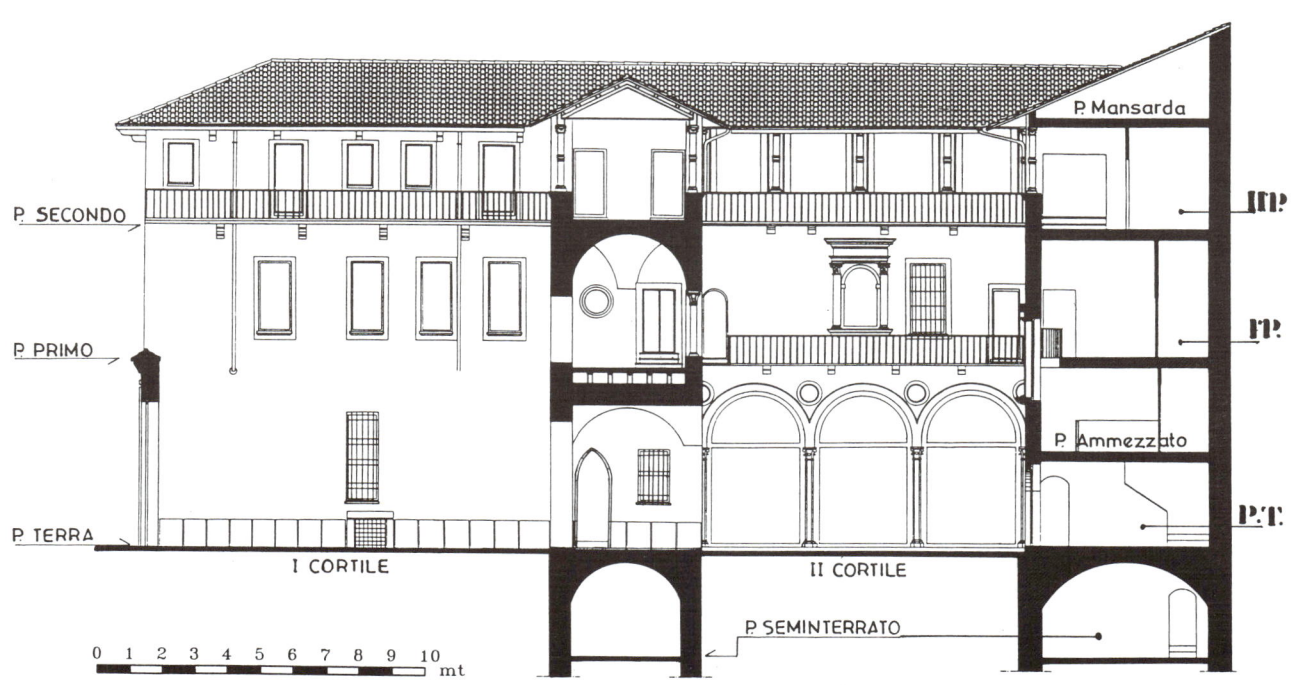

81

The restoration of the building revealed the existence of important frescoes of the Bramante school in
two of the main rooms: the notary's study and the
meetings room.

*La restauración del edificio ha revelado la existencia de
importantes frescos de la escuela de Bramante en dos de
las estancias principales: el estudio del notario y la sala
de reuniones.*

82

Enric MIRALLES & Benedetta TAGLIABUE

Vivienda en el Casco Antiguo (Barcelona, Spain) 1994

The architects have restored an abandoned building of the historical centre of Barcelona, in which the walls had been demolished and the sequence of the old rooms was only read through the different types of flooring.

The fundamental decision was to leave the space as they found it - a single nave developed around the central courtyard - and to reconstruct the floors, re-installing the original tiles according to a different plan. Instead of following the perimeter of the old walls, they were arranged according to the patches of light coming in through the windows.

The dividing walls were conceived as curtains forming a room, but without interrupting the free circular passage. The idea of the curtains also later turned into a series of mobile wooden elements such as tables and doors. That, together with the floors, represents the most designed part of the house. In this sense, the most important element is Unstable Table, which is thoroughly mobile and is almost a small house in itself.

The rest of the work was generated by the house itself, and the architects accepted what it offered in the course of the construction: large fragments of Gothic arches, 18th-century paintings, false marble, handmade tiles discovered behind walls and coarse rough render revealed a succession of residences stratified one over the other from the Middle Ages to the Modernista period.

In the main living space, both the Gothic arches and subsequent filling work have been left exposed. The new intervention focused on two main elements: a labyrinthine bookshelf built with a simple system of welded irons that turns around the walls; and two walls that clarify the perspective and give the rectangular living area the form of a bottleneck.

The main bedroom and bathroom occupy one of the previous rooms with views of the garden. In the new bedroom the architects used doors and windows from an old house that was being demolished in another part of the city.

Los arquitectos han restaurado un edificio abandonado del centro histórico barcelonés, en el que los muros se habían derribado y sólo se leía la secuencia de las antiguas habitaciones a través de las distintas pavimentaciones.

La decisión fundamental consistió en dejar el espacio tal y como se encontraba –una única crujía que rodea el patio central– y en reconstruir los suelos, recolocando las antiguas baldosas siguiendo un esquema distinto. En lugar de seguir el perímetro de los antiguos muros, ahora dibujan las manchas de luz que entran por las ventanas: una sucesión de alfombras de luz sobre un pavimento continuo.

Los muros divisorios se han concebido como si fueran cortinas que conforman una habitación, pero sin interrumpir el pasaje circular. La idea del cortinaje también se ha transformado en una serie de elementos móviles de madera –mesas y puertas– que, junto con los suelos, representan la parte más pensada de la casa. En este sentido, el elemento más importante es la Mesa Inestable, completamente móvil, que es casi una pequeña casa en sí misma.

El resto de la obra se hizo casi de forma automática, aceptando lo que la vivienda daba de sí a lo largo de la construcción: grandes fragmentos de arquerías góticas con capiteles, pinturas del siglo XVIII, mármol falso, baldosas hechas a mano que se descubrieron tras falsas paredes y bastos enfoscados... Así se iba revelando una sucesión de residencias estratificadas, unas encima de otras, desde la Edad Media hasta el periodo modernista.

En el gran salón se han mantenido a la vista las arquerías góticas junto con los bastos muros de relleno posteriores. Las nuevas intervenciones se han reducido fundamentalmente a dos: una librería-laberinto construida con un simple sistema de hierros soldados que gira alrededor de los muros; y dos muros que dirigen la perspectiva y convierten el salón rectangular en una habitación en forma de cuello de botella.

El dormitorio principal y el baño ocupan una de las dos habitaciones existentes que se asoman al jardín. En el nuevo dormitorio se utilizaron puertas y ventanas de una antigua vivienda que se estaba demoliendo en otro lugar de la ciudad.

General floor plan / *Planta general*

The stripping of the walls revealed gothic arches with capitals and 18th-century paintings, which have been conserved and converted into elements that characterise each room.

Tras la limpieza de los muros surgieron arquerias góticas con capiteles y pinturas del siglo XVIII, que han sido conservados y convertidos en elementos que caracterizan cada una de las estancias.

Two views of the main living room. The walls that form the rooms have been conceived as dividing curtains that at no time interrupt the circular passage.

Dos imágenes del salón principal. Los muros que conforman las habitaciones han sido concebidos como cortinas divisorias que no interrumpen en ningún momento el pasaje circular en que se organiza la vivienda.

Construction details of the table
Detalles constructivos de la mesa

At the top of the previous page, a view of the "Unstable Table". It is a completely mobile element that can adapt to infinite positions and functions as a small house in itself.

En la imagen de la página anterior, visión de la "Mesa Inestable". Ésta consiste en un elemento completamente móvil capaz de adaptarse a infinitas posiciones y que trabaja como una pequeña casa en sí misma.

The main room is organised around several mobile oak partitions.

La habitación principal se organiza alrededor de diversas particiones móviles de madera de roble.

The existing flooring has been rebuilt and placed according to another scheme. In some parts the new arrangement is inspired - according to the architects - by the patches of light coming through the windows.

Los pavimentos existentes han sido reconstruidos y colocados según un esquema distinto. En algunas partes, la nueva disposición está inspirada –según declaran los arquitectos– en las manchas de luz que entran por las ventanas.

Luis Vicente FLORES

X' Teresa, Centro de Arte Alternativo (Mexico City, Mexico) 1994

The fundamental objective of the Santa Teresa la Antigua project was to transform the existing building into a space for the presentation and staging of non-conventional art that requires architectural conditions that are autonomous and independent from the original structure.

Due to their dimensions, the existing spaces can be adapted to the new requirements with relative ease. However, due to the modifications that the building has undergone throughout its history, it lacks a coherent spatial structure that relates the different rooms, and above all it lacks a sequence that articulates the whole from the access to the different rooms and the open areas.

It was necessary to create a flexible space with respect to the presentation of the works and the circulation of the public. Because of this it was proposed, firstly, to eliminate the elements separate from the original structure and the restructuring of the space from a new access point that allows the circulation to be organised. An extension will also be designed in the rear courtyard, with the aim of concentrating vertical circulation and housing services that will disappear when the existing rooms are gutted; it will also increase the amount of office space.

To reorganise the spatial sequence , it was proposed to create a new access by means of a ramp through one of the windows of the main facade. The sequence of circulation is thus substantially improved and an optimum utilization of the main room (the transept) is enabled through the removal of the existing accesses.

The extension is a light steel and glass piece annexed to the existing building without a structural relationship. The location of the piece added within the rear courtyard was used to convert it into a three-dimensional support for installations and performances in the open air. This piece is conceived as an abstract element solved through transparent lines and planes. Due to its geometry and lightness it will contrast with the volume of the existing building. Structurally, it was designed as a detachable body that can be understood as provisional.

El proyecto de Santa Teresa la Antigua tiene como objetivo fundamental la transformación del edificio existente en un espacio para la presentación y escenificación de manifestaciones artísticas no convencionales, que requieren condiciones arquitectónicas independientes y autónomas de la estructura original.

Por sus dimensiones, los espacios existentes pueden ser adaptados a las nuevas exigencias con relativa facilidad. Sin embargo, por las modificaciones que ha sufrido el edificio a lo largo de su historia, carece de una estructura espacial coherente que relacione las diferentes salas entre sí y, sobre todo, de una secuencia que articule el conjunto desde el acceso a las diferentes salas y áreas abiertas.

Se trataba de crear un espacio flexible en cuanto al montaje de las obras y la circulación del público. Por ello el proyecto plantea, desde el principio, la eliminación de los elementos ajenos a la estructura original y la reestructuración del espacio a partir de un nuevo punto de acceso que permita organizar las comunicaciones. Adicionalmente, se ha diseñado una ampliación en el patio posterior, cuyo objeto es concentrar circulaciones verticales y alojar servicios que desaparecerán al limpiar las salas existentes además de incrementar el área de oficinas.

Para reorganizar la secuencia espacial, se ha propuesto un nuevo acceso al conjunto, a través de una rampa, por una de las ventanas de la fachada principal. De este modo, la secuencia de circulación mejora sustancialmente además de permitir el aprovechamiento óptimo de la sala principal (nave transversal) al eliminar los accesos existentes.

La ampliación es una pieza ligera de acero y vidrio anexa al antiguo edificio, sin que haya relación estructural con éste. Se aprovecha la localización de la pieza agregada dentro del patio posterior, para convertirla en un soporte tridimensional para instalaciones y escenificaciones al aire libre. Esta pieza está concebida como un elemento abstracto resuelto a través de líneas y planos transparentes que, por su geometría y ligereza, contrasta con la masa del edificio existente. Por otro lado, desde el punto de vista constructivo, se ha diseñado como un cuerpo desmontable que puede ser entendido como un añadido provisional.

Upper level floor plan / *Planta nivel superior*

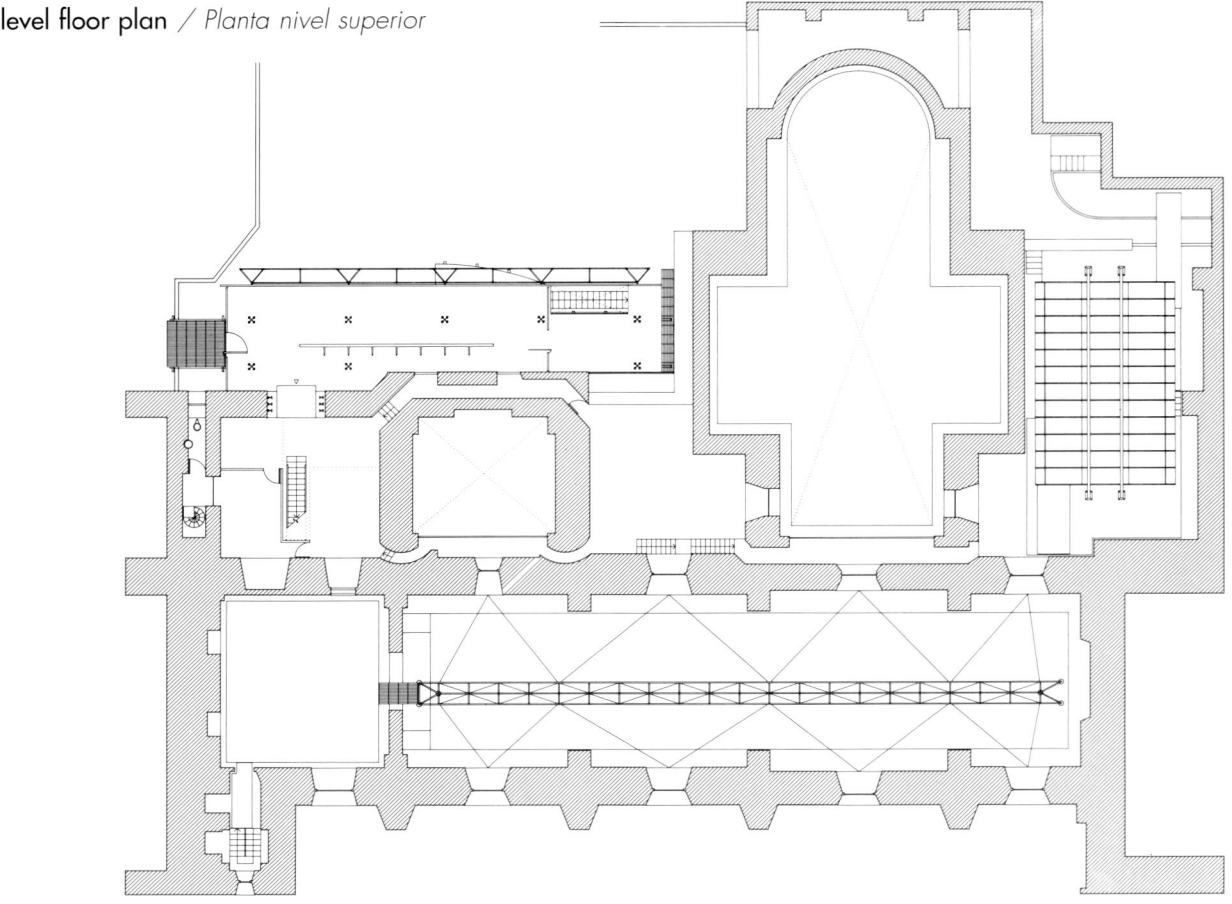

Ground floor plan / *Planta baja*

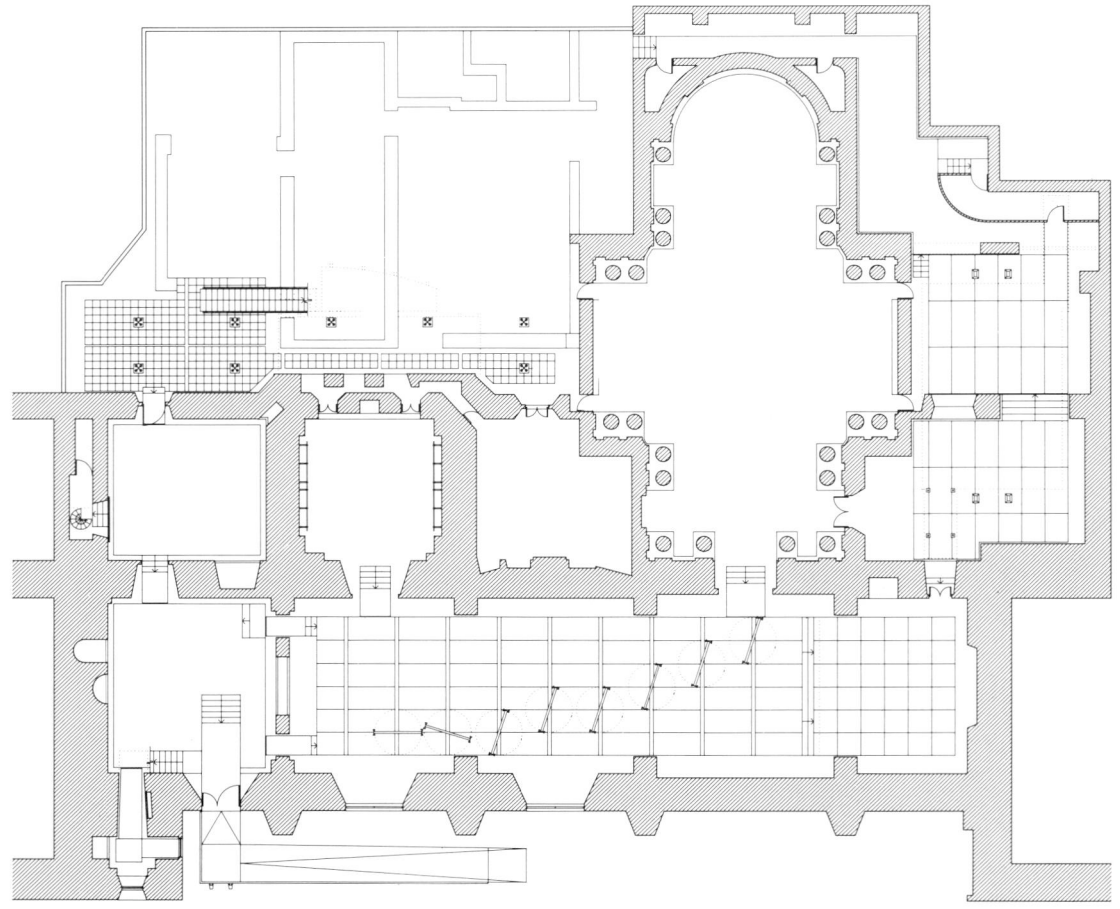

The photographs on this page show the extreme deformations caused by the collapse of the east side of the X'Teresa centre.

En las imágenes de la página actual es posible apreciar las desmesuradas deformaciones producidas por el hundimiento del lado este del centro X'Teresa.

In order to take full advantage of the possibilities of the location and to ensure the greatest possible flexibility for displaying the works of art, all the interior partitions of the original structure were replaced by mobile elements.

Con objeto de aprovechar al máximo las posibilidades del lugar, y garantizar la máxima flexibilidad a la hora de exponer las obras de arte, todas las particiones interiores de la estructura original han sido substituidas por elementos móbiles.

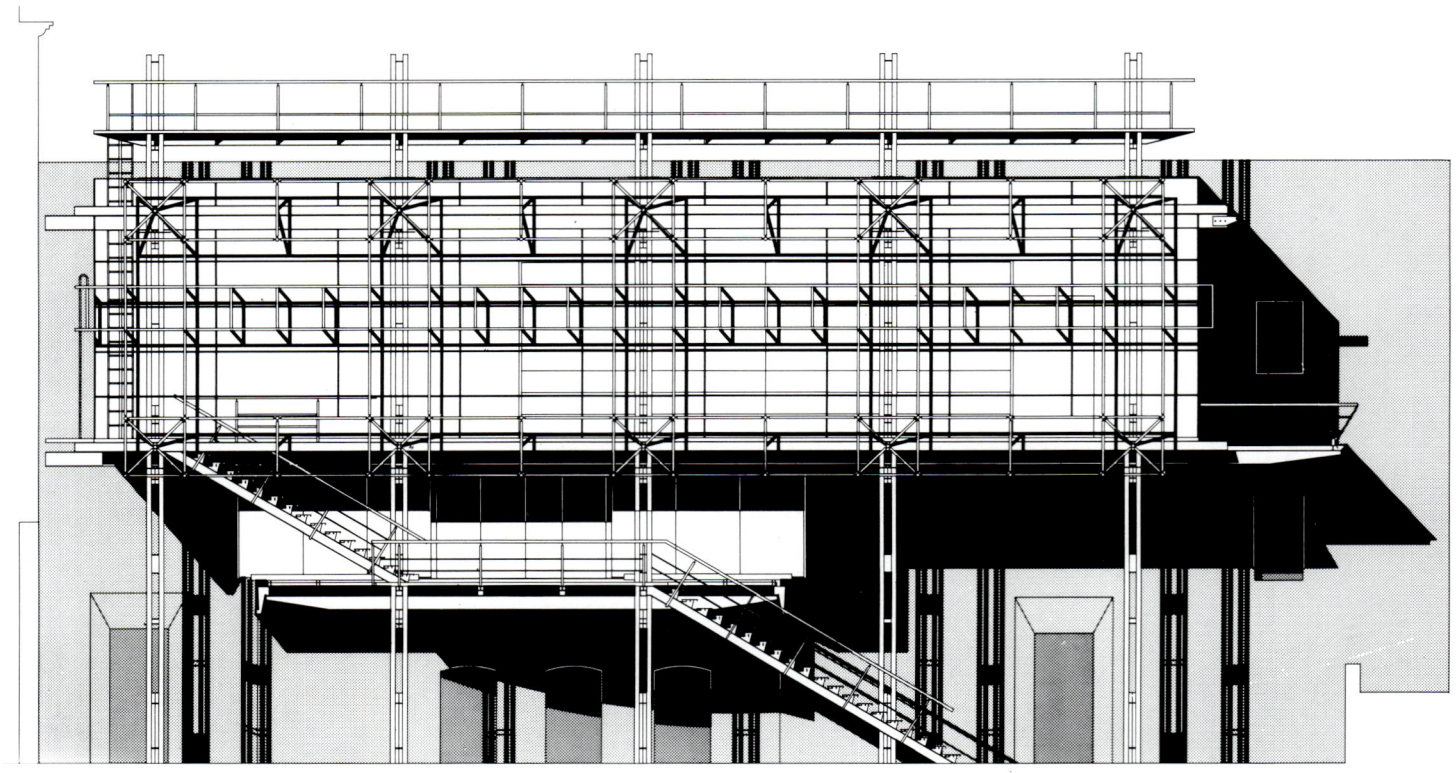

Courtyard elevation / *Fachada patio*

The extension to the building was added at the rear, looking onto an inner courtyard. It was thus possible to concentrate the vertical circulation and increase the amount of office space.

La ampliación ha tenido lugar en la parte posterior del edificio, mirando hacia un patio interior. Se consigue de esta forma agrupar en un único espacio los núcleos de circulación y demás áreas de servicio.

The photographs above the caption show several views of the access zone located at the rear of the building in which the vertical circulation elements are concentrated.

Las imágenes sobre estas líneas muestran varios aspectos de la zona de acceso, situada en la parte posterior del edificio, en la que se concentran los elementos de circulación vertical.

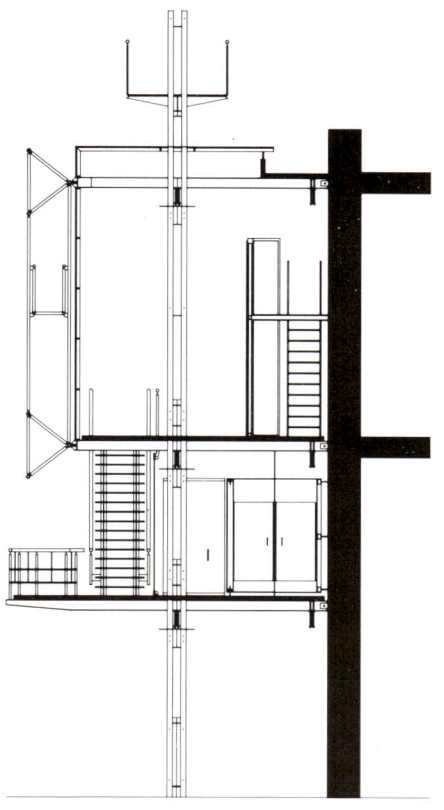

Cross section / *Sección transversal*

Longitudinal section / *Sección longitudinal*

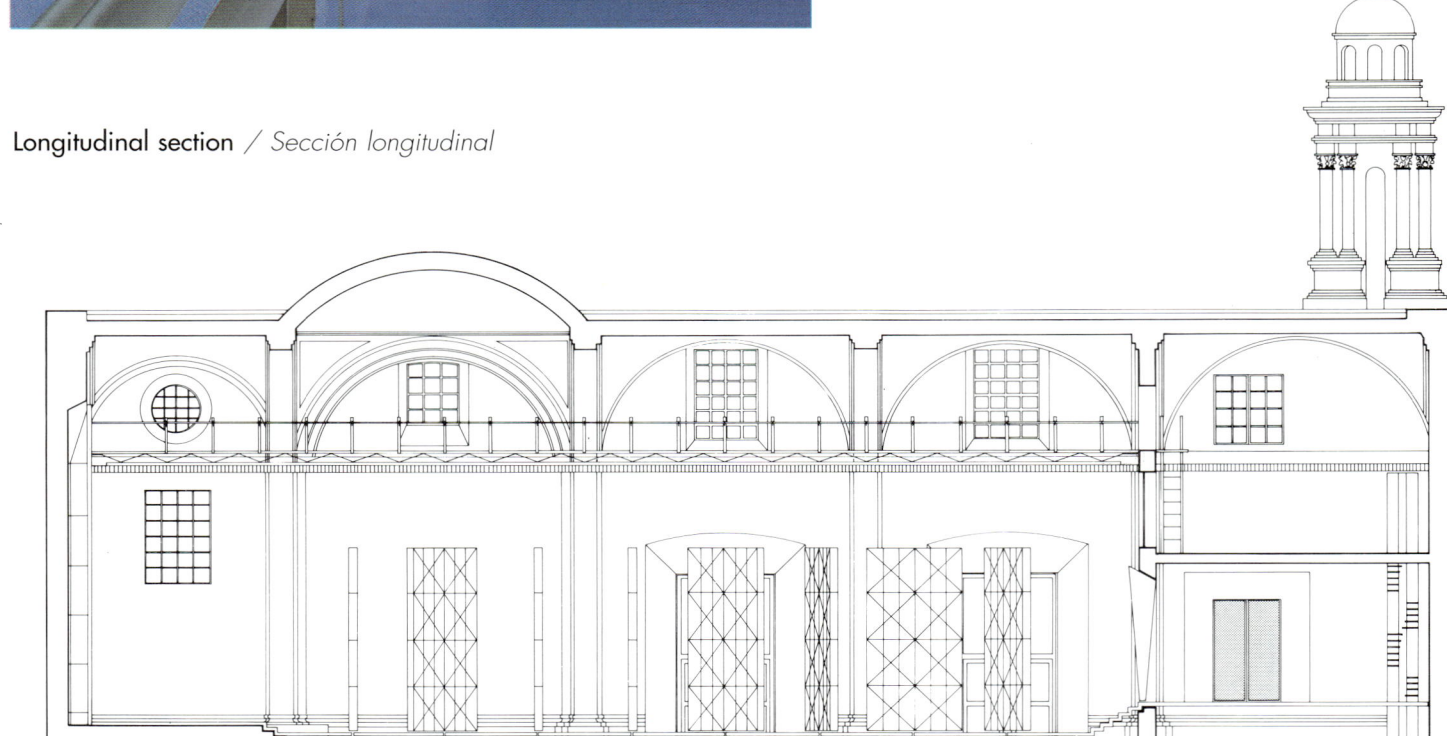

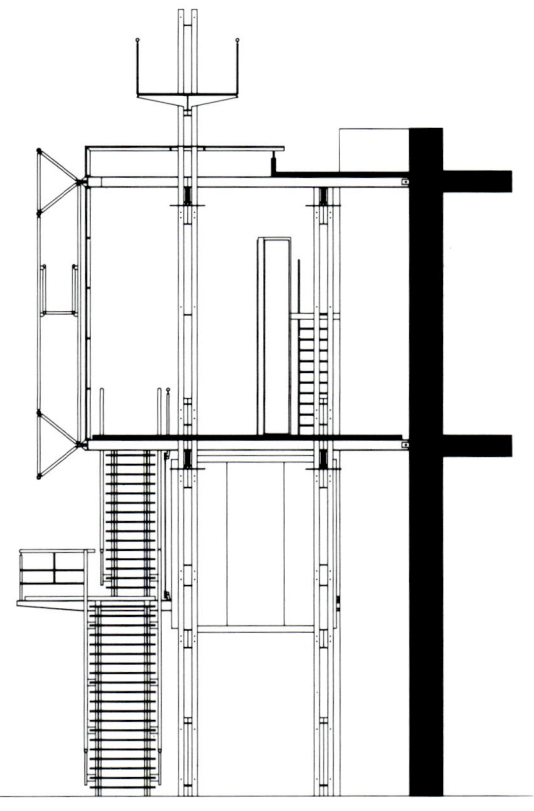

Cross section / *Sección transversal*

Adrien FAINSILBER & Associates

Nouvel Hôtel de Ville de La Flèche (Sarthe, France) 1995

The multiple programme was to design an administrative building and a council chamber building, to renovate the Château des Carmes and the entrance pavilion, and to design the public spaces surrounding the City Hall, including a city square, a water cloister, a lower square and a footbridge to the adjoining public park.

The site of the city hall, along the banks of the river Loire, is virtually an island, the entrance being a restored cloister built above the water. The newly created urban spaces are interconnected and linked to the city as well as to the existing squares and park by covered passages, steps and a footbridge.

Fainsilber, in collaboration with the architects Roland Korenbaum and Philippe Bodinier, has managed to integrate simple forms into the landscape by means of contemporary construction techniques that use glass to maintain the strong presence of the environment and to establish the relationship with the existing built environment.

The main building is constructed partly over water, partly over land, in order to offer maximum transparency and views over the park and the Loire. The morphology of the island determines the composition of the design. The curve of the east facade hugs the contour of the banks.

The reconstruction of the cloister gives coherence to the old and new buildings, and creates a new main entrance for the City Hall, which was wished to open to its environment and to make it the point of union between the town centre, the river and the park.

The Parvis, the cloister and the lower square are three new public spaces on the promenade offered to pedestrians between the town centre and the park, creating many interesting sequences thanks to new views of the canal and the Loire. These spaces are strongly differentiated and in close relation with the surrounding nature. Two footbridges over the water and a staircase between the cloister and the lower square create articulations between these new spaces for public life.

El programa, múltiple, consistía en el diseño de un edificio administrativo y en una cámara de consejos, en la remodelación del Château des Carmes y la entrada al pabellón, así como el diseño de los espacios públicos en torno al Ayuntamiento, incluyendo una plaza pública, un claustro, una plaza más baja y un puente peatonal para el parque adyacente.

El lugar que ocupa el Ayuntamiento, a orillas del río Loira, es virtualmente una isla; la entrada restaurada se ubica en un claustro construido sobre el agua. Los espacios urbanos recién creados están interconectados y unidos a la ciudad también a través de las plazas existentes y el parque, mediante pasajes cubiertos, escaleras y una pasarela peatonal.

Fainsilber, en colaboración con los arquitectos Roland Korenbaum y Philippe Bodinier, ha tratado de integrar formas sencillas dentro del paisaje, mediante el uso de técnicas constructivas actuales, que hacen especial énfasis en el cristal, con objeto de mantener la fuerte presencia del paisaje y establecer vínculos con el entorno construido.

El edificio principal se construye, en parte sobre el agua, en parte sobre el terreno, con el fin de ofrecer la máxima transparencia y proporcionar vistas sobre el parque y el río Loira. La morfología de la isla determina la composición del diseño. La curva de la fachada este abraza el perfil de la orilla del río.

La reconstrucción del claustro dota de coherencia a los antiguos y a los nuevos edificios, y crea una nueva entrada principal para el Ayuntamiento, el cual se deseaba abrir al entorno y convertirlo en el punto de unión entre el centro de la ciudad, el río y el parque.

El Parvis, el claustro y la plaza más baja son los tres nuevos espacios en el paseo que se ofrece a los viandantes entre el centro urbano y el parque, lo que crea interesantes secuencias gracias a las nuevas vistas del canal y el Loira. Estos espacios están fuertemente diferenciados y en íntima relación con el entorno natural. Dos pasarelas peatonales sobre el agua y una escalera, entre el claustro y la plaza baja, articulan las conexiones entre estos nuevos espacios y la vida pública.

Site plan / *Plano de emplazamiento*

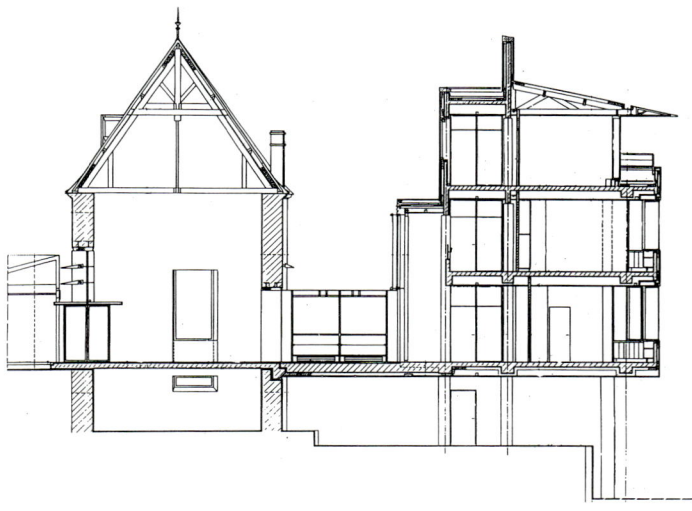

Cross section / *Sección transversal*

The council chamber building is partially constructed over the Loire. This situation gives the building privilege views of the river and the surrounding countryside.

El edificio destinado a albergar la cámara del consejo se encuentra parcialmente construido sobre las aguas del Loira. Esta situación le dota de privilegiadas vistas proporcionando, de esta forma, vistas sobre el río y el paisaje que lo rodea.

COUNCIL CHAMBER

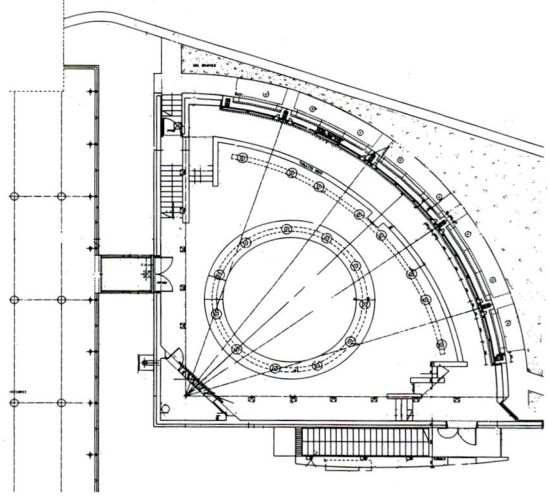

Ground floor plan / *Planta baja*

The council chamber is joined to the administrative building by a fully glazed overhead walkway.

La cámara del consejo queda unida al edificio de administración mediante un paso elevado completamente acristalado.

ADMINISTRATION BUILDING

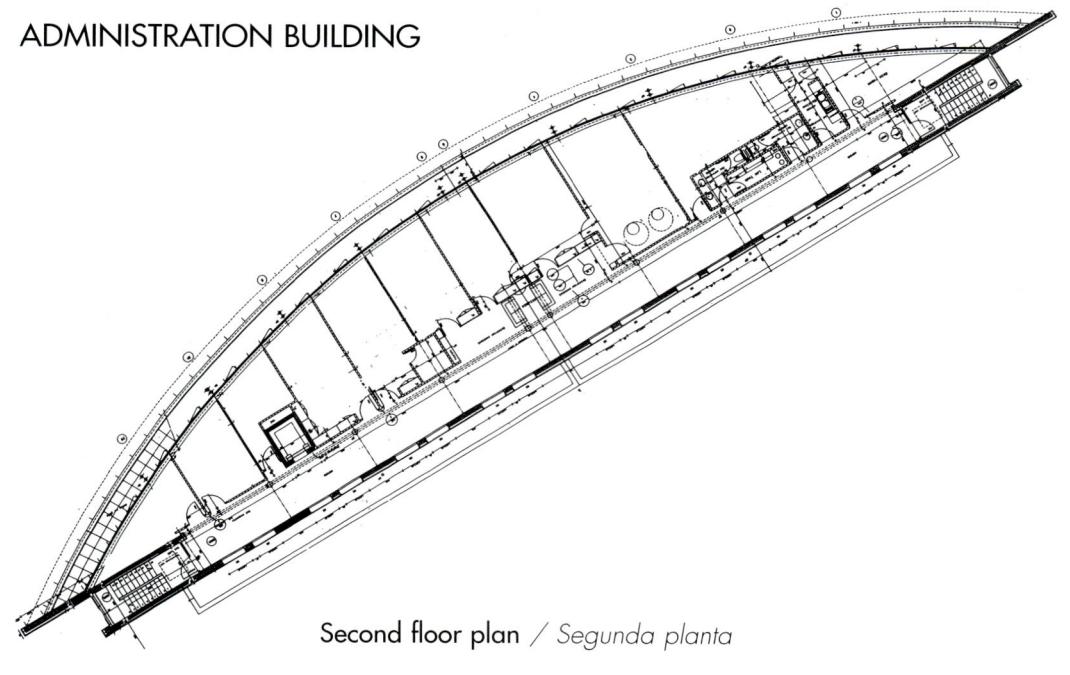

Second floor plan / *Segunda planta*

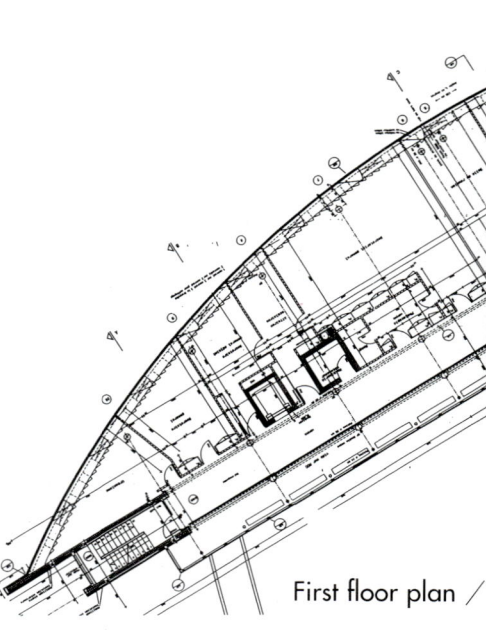

First floor plan /

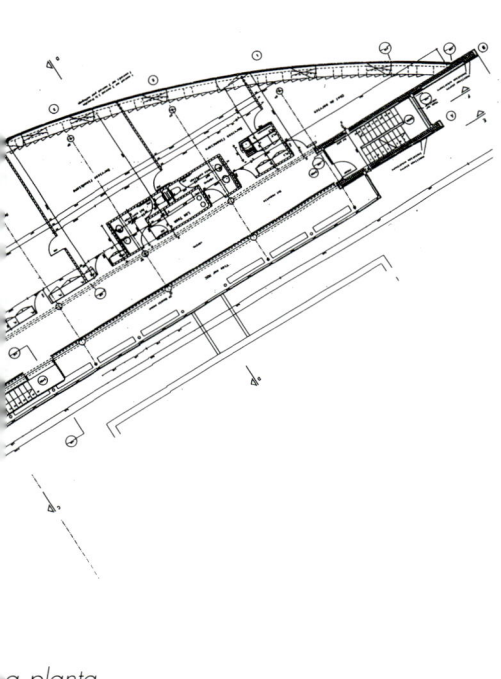

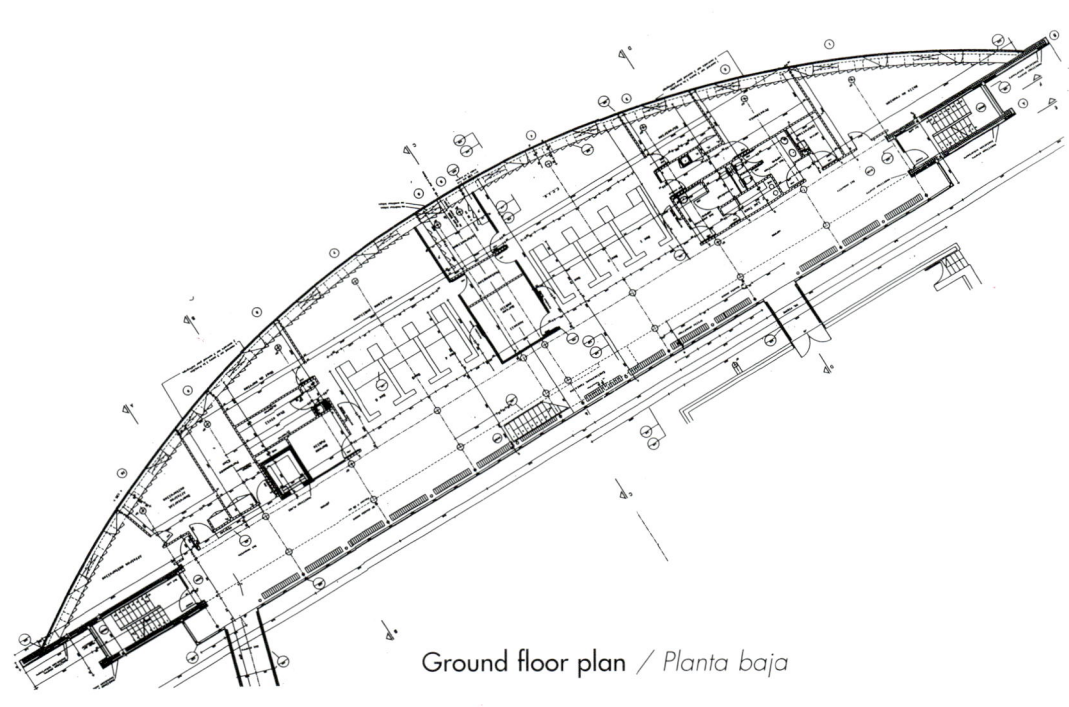

a planta

Ground floor plan / Planta baja

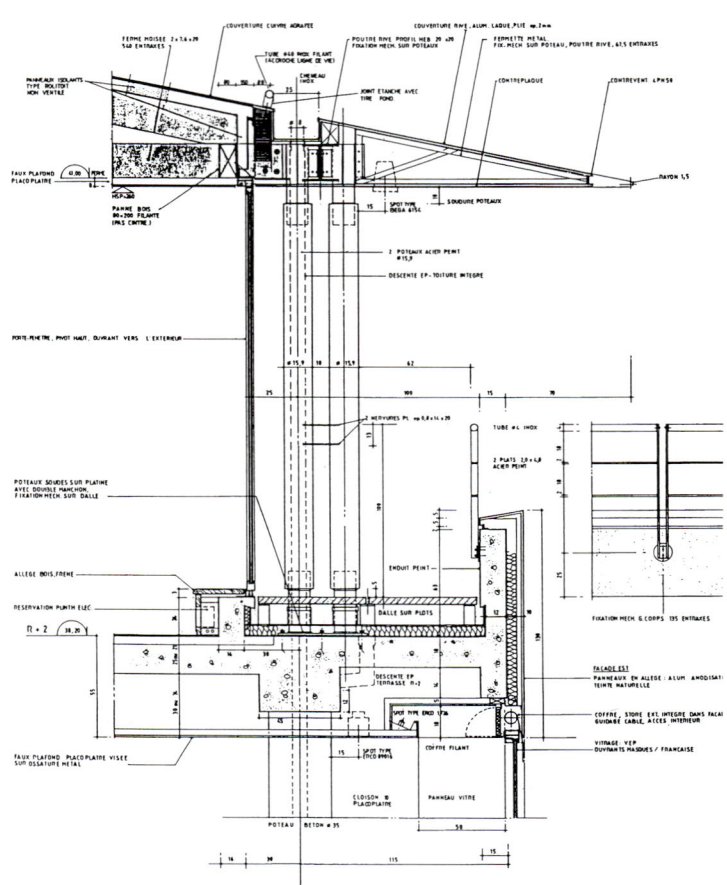

Detail of the east facade / *Detalle de la fachada este*

The gentle curve of the east facade of the administrative building follows the line of the river bank.

La suave curvatura que define la fachada este del edificio de administración acompaña con su geometría el trazado del río Loira.

As can be seen in the central photograph, the public spaces and the new building are linked by pedestrian walkways running over the water.

Tal como se aprecia en la fotografía central, la unión entre los espacios públicos y el nuevo edificio se efectúa a través de pasarelas peatonales situadas sobre el agua.

Josep LLINAS

Teatro Metropol (Tarragona, Spain) 1995

Built in 1908 and owned by the Tarragona Bishopric, the *Teatre del Patronat Obrer* was one of the first commisssions that the catalan modernist architect Josep Maria Jujol received as an independent architect. Like many others, it was a very modest remodeling job for small theatrical representations, year-end school promenades, and local ceremonies held by organizations associated to the church. But discord between Jujol and the ownership which still remains a mystery prevented him from finishing his work. During the Spanish Civil War, air raids caused major damages in the foyer. Years later, inconsiderate remodeling work done to block out sources of natural light, to install restrooms and to comply with safety codes marred the theatre in its metamorphosis into the Metropol Movie House.

In the 80s, the building was left abandoned, and the Metropol suffered from accelerated decay. Finally, a few years ago, the Tarragona City Hall purchased the Metropol to turn it into municipal theatre. The rehabilitation program was commissioned to the architect Josep Llinàs, specialized in the work of Jujol. The work received the FAD Architectural Prize in 1996.

The refurbishing work turned out to be complex, full of hesitation and highly diversified, mostly due to the lack of documentation on the original building. Like many other projects of Jujol´s, the theatre was built on an extremely tight budget using strictly local materials. They knew from the architect´s son himself, that he had conceived it as a representation of a religious allegory, a boat, where the theatregoers embark and are saved amidst life´s tempestous waters. When analyzing the design, Llinás realized that the idea of a boat had guided the transformation of the building components, making them part of a whole. He also reached the conclusion that the theoretical water level was just at the level of the foyer floor, below which everything would be submerged.

Starting out with this, the Llinás team made new additions in the dressing rooms and the stagehouse, remodelled areas such the entrance hall that Jujol had never worked on, and orthodox rebuilding on the part of the foyer that had fallen in the air raid as well as on work that had disfigured Jujol´s architecture leaving various remains. In addition, some parts of the building that Jujol himself was probably unable to finish, were concluded.

Realizado en 1908, y propiedad del obispado de Tarragona, el *Teatre del Patronat Obrer* fue uno de los primeros trabajos del arquitecto modernista catalán Josep Mª Jujol como profesional independiente. Al igual que la mayoría de sus encargos, se trató de una obra de reforma. Era un proyecto modesto, destinado a pequeñas representaciones, fiestas de final de curso o actos institucionales locales vinculados a la Iglesia. Pero desavenencias con la propiedad, que nunca han sido aclaradas, impidieron que Jujol terminara las obras. Durante la guerra civil, los bombardeos provocaron importantes daños en la galería. Años más tarde, convertido en el cine Metropol, fue objeto de desconsideradas actuaciones encaminadas a cerrar entradas de luz, instalar aseos y cumplir normativas de seguridad.

En los años ochenta dejó de funcionar como cine, fue abandonado y sufrió un proceso acelerado de deterioro y de ruina. Finalmente, hace unos años, el Ayuntamiento de Tarragona compró el local y decidió reconvertirlo en Teatro Municipal. El proyecto de rehabilitación fue encargado al arquitecto Josep Llinás, especialista en la obra del arquitecto modernista. El trabajo recibió el premio FAD de arquitectura en 1996.

El proceso de rehabilitación fue complejo, lleno de vacilaciones y de muy variadas características, debido, en gran parte, a la falta de documentación acerca de la obra original. Como tantas obras de Jujol, el teatro se había realizado con medios económicos muy reducidos y estrictamente locales. Se sabía, por el hijo de Jujol, que aquél lo había concebido como representación de una alegoría religiosa, en la que la nave central es el barco en el que los espectadores se embarcan y se salvan entre las olas tempestuosas de la vida. Analizando la obra, Llinás comprobó que esta idea era la base que regía la transformación de los elementos constructivos para convertirlos en partes de una unidad. También llegó a la conclusión de que el hipotético nivel del agua se situaba justo en la cota del suelo de la galería. Por debajo de ese nivel, todo estaría sumergido.

A partir de esto, el equipo de Llinás realizó obras de nueva planta –en camerinos y caja escénica–; de reforma –donde no se había producido la intervención de Jujol, como el hall de entrada–; reconstrucciones ortodoxas – parte de la galería caída por la acción de las bombas–; obras que se habían desfigurado, dejando diversos restos, e, incluso, conclusión de elementos o partes que probablemente el mismo Jujol no llegó a acabar.

In the top picture, perspective view of the entrance hall leading in from the Rambla de Tarragona. All elements from earlier inappropriate restoration work were removed.

En la fotografía superior, perspectiva de la galería de acceso desde la rambla de Tarragona. Todos aquellos elementos procedentes de restauraciones no adecuadas han sido eliminados.

Longitudinal section / *Sección longitudinal*

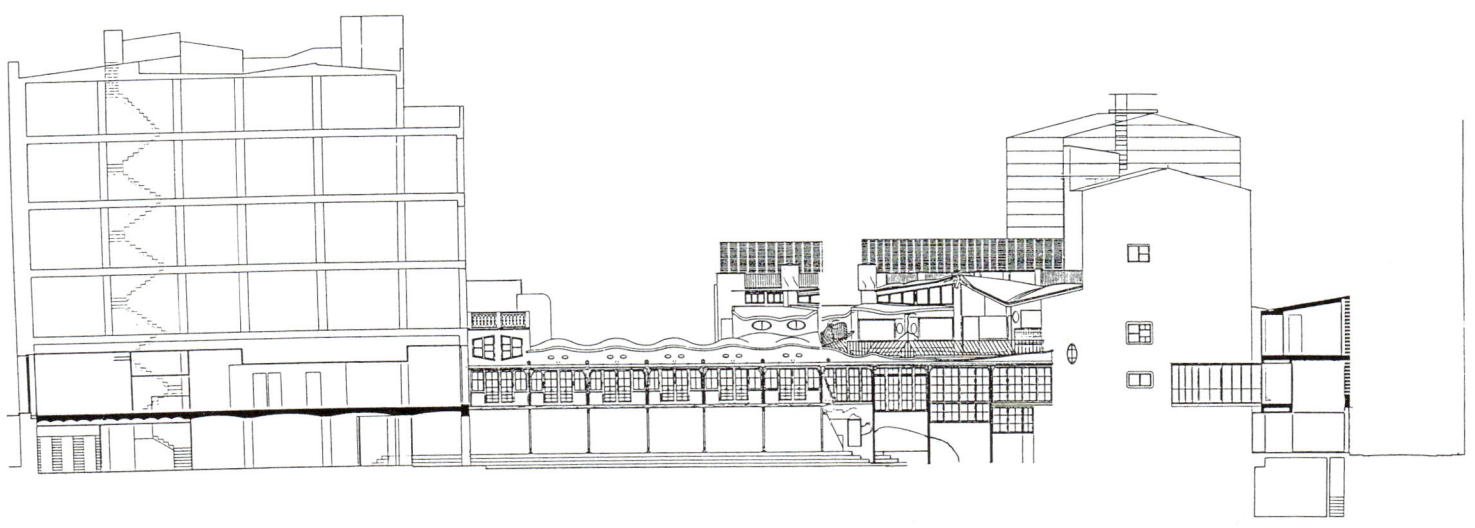

Plan of the theatre at second balcony level
Plano del teatro a nivel del segundo palco

Plan of the theatre at the level of the first balcony
Plano del teatro a nivel del primer palco

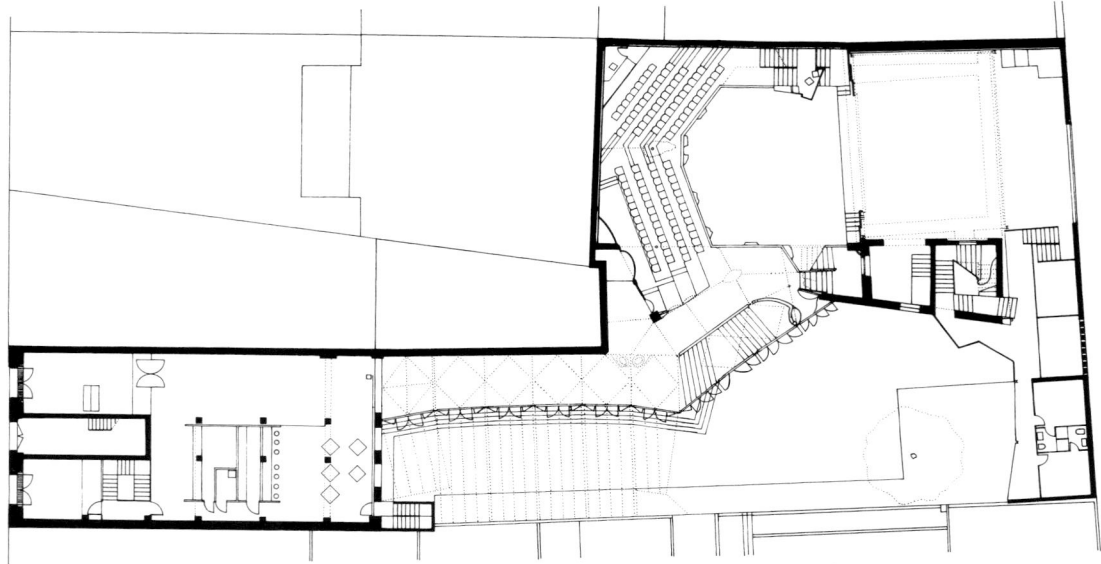

Plan of the theatre at orchestra level
Plano del teatro a nivel de la orquesta

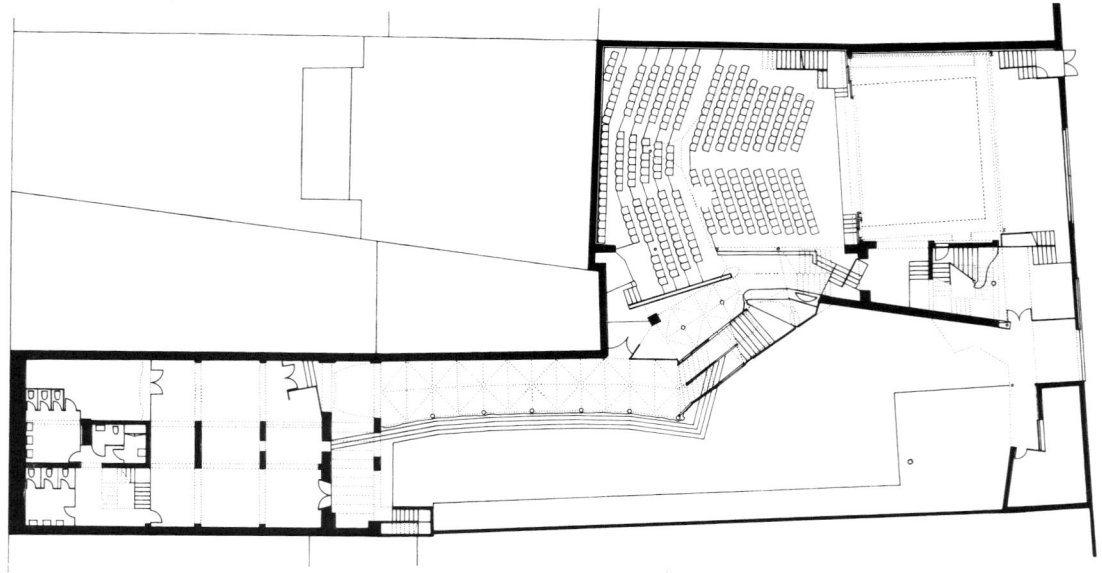

In the reconstruction process of the Theater Metropol, it was considered essential to preserve and restore all Jujol´s original elements such as the flooring, railings, engravings and paintings.

En el proceso de reconstrucción del Teatro Metropol, se ha considerado imprescindible la conservación y restauración de todos aquellos elementos originales de la obra de Jujol tales como pavimentos, barandillas, grabados y pinturas.

Josep Llinás project seeks to meet the needs of a present-day theater efficiently and at the same time to strike up a respectful dialogue with this magnificent example of modernista architecture.

El proyecto de Josep Llinàs busca responder de forma eficaz a las necesidades de un teatro contemporáneo y a su vez establecer un dialogo respetuoso con este magnífica ejemplo de arquitectura modernista.

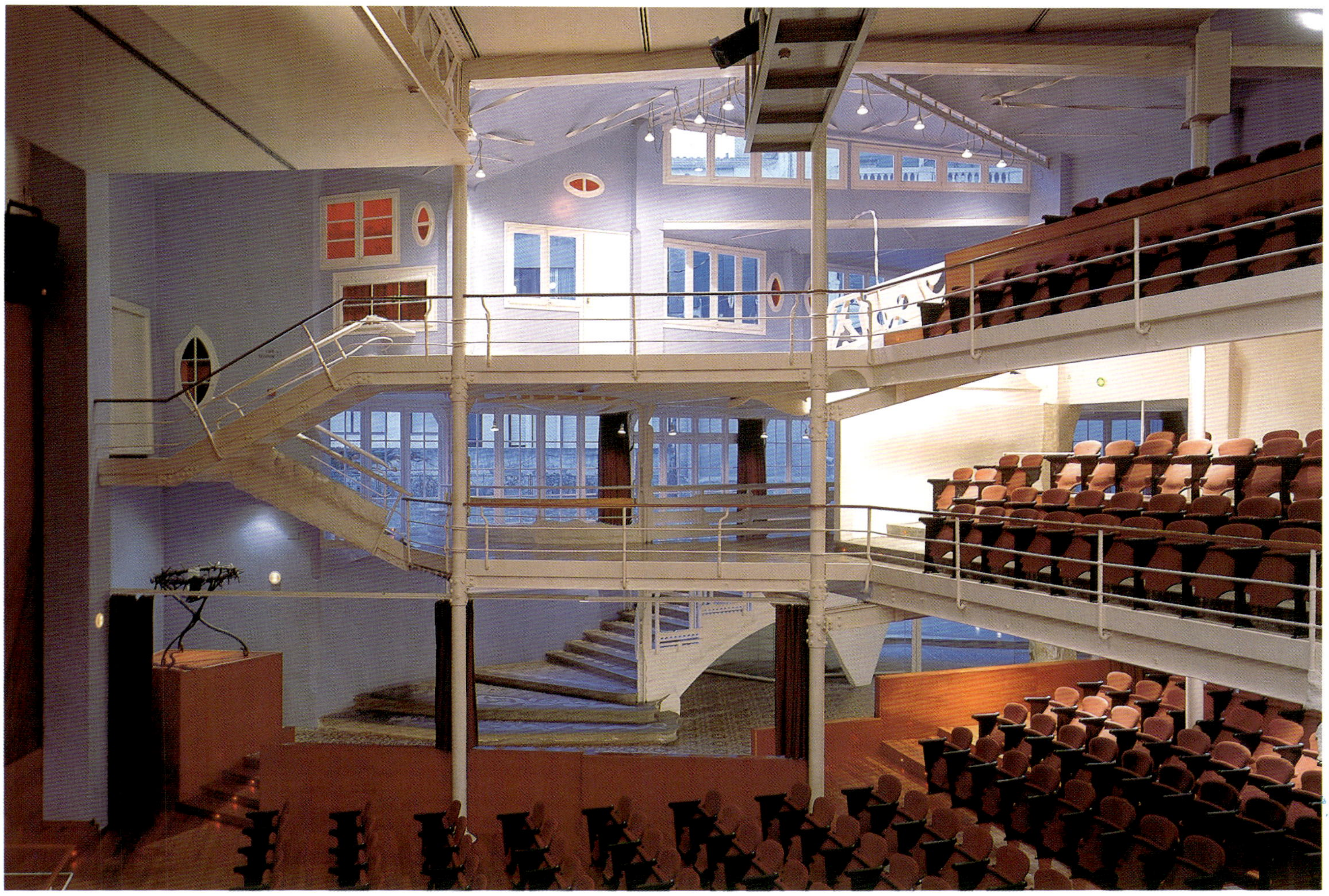

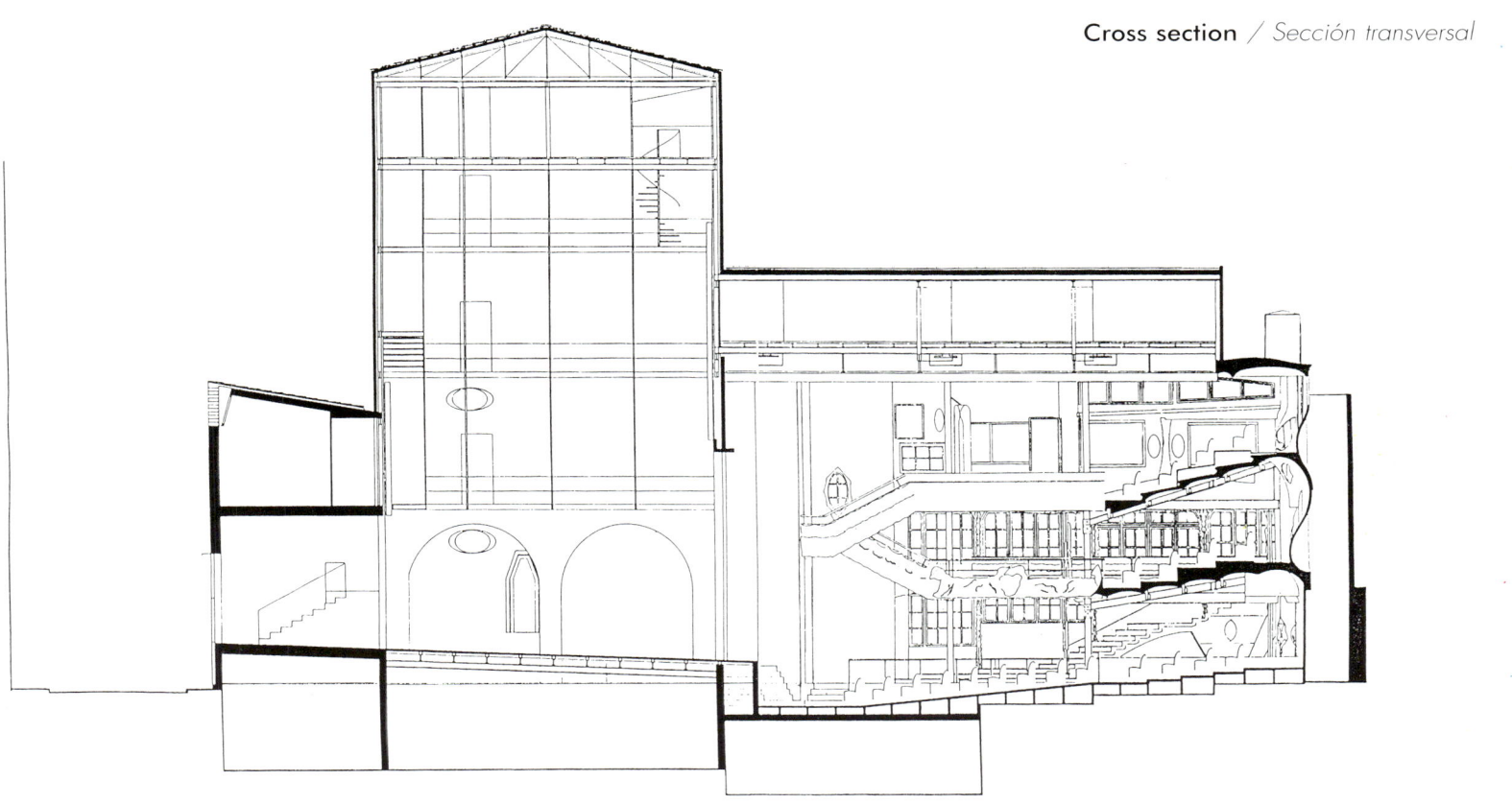

Cross section / *Sección transversal*

Francesco DELOGU & Gaetano LIXI

Castello Catrani (Umbria, Italy) 1996

Restoration of the Castello di Petriolo in a valley not far from Cittá di Castello, in the Italian district of Umbria, has resulted in refurbished interiors, fully adapted to modern living requirements, combined with total respect for the historical fabric of the building itself.

Built in medieval times as part of the nearby town's defensive network, the castle complex has numerous architectural stratifications testifying to the variety of uses it has been put to over the centuries, from noble residence to farming state house.

In 1736, Marco Antonio Catrani, counsellor of the Roman Curia, redesigned the main façade, making two large bulwarks to acces the courtyard, and some interior modifications.

The recent project by Delogu and Lixi focuses the conversion of the complex into a set of private dwellings. So they made a general conservative restoration plan and organized its division into four separate apartments.

The so-called *chapel apartment* featured here occupies only part of the wing to the left of the main portal. Its three-level design incorporates the previous layout without overwhelming it, creating beautifully contrived contrasts between austerity and complexity.

The project was initiated in 1993, work was begun in 1994, and today the rest of the residential units are still under construction.

La restauración del Castello di Petriolo, en un valle no lejos de la Citta de Castello, en la región italiana de Umbría, resulta en espacios totalmente renovados para adaptarse a exigencias de uso modernas, pero combinando esta actitud con un respeto profundo por la factura original del edificio.

Construido en la Edad Media como parte del sistema defensivo de la ciudad en aquella época, el complejo es resultado de numerosas estratificaciones provocadas por los diversos usos que el edificio ha recibido a lo largo de los siglos, de villa señorial a centro agrícola.

En 1736, Marco Antonio Catrani, arquitecto consejero de la curia romana, rediseñó la fachada principal, realizando dos grandes bastiones simétricos de acceso al patio interior y llevando a cabo algunas modificaciones internas.

El reciente proyecto del estudio Delogu-Lixi se centra en la reconversión del complejo en un conjunto de apartamentos. Con este objetivo, se ha realizado una restauración global y respetuosa, y se ha organizado la división del conjunto en cuatro apartamentos independientes.

El llamado apartamento de la iglesia, situado sobre la antigua capilla, ocupa sólo parcialmente el ala izquierda del portal principal. Su diseño, planteado en tres niveles, se sobrepone a las situaciones precedentes sin impedir la lectura de las mismas, en un contraste sutilmente buscado entre austeridad y complejidad.

El proyecto se inició en 1993, la obra en 1994 y aún se encuentran en fase de construcción las otras tres unidades residenciales.

General floor plan / *Planta general*

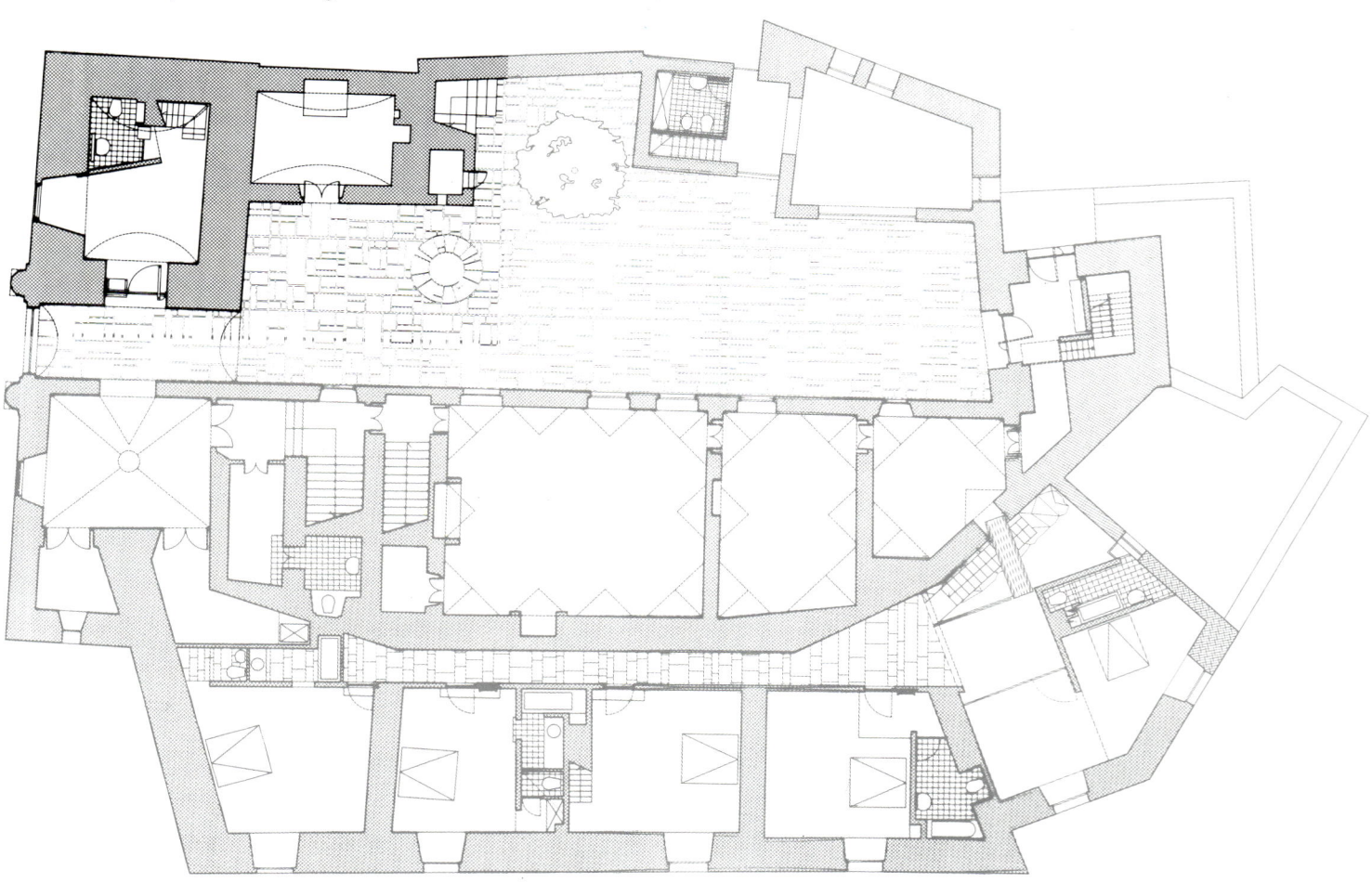

The entrance courtyard of the castle, the restoration of which was limited to conserving existing elements. The courtyard is flanked by the chapel apartment, so called because the interior incorporates the former chapel of the castle.

Imágenes del patio de entrada al castillo, cuya restauración se ha limitado a la conservación de lo existente. Este se encuentra flanqueado por el "apartamento de la iglesia", denominado de este modo ya que su interior incorpora la antigua capilla del castillo.

On this double page, several views of the iron walkway. It leads through the opening made in the thick supporting wall that separates it from the chapel and into the kitchen.

En esta doble página, diversas imágenes de la pasarela de hierro. Esta atraviesa una abertura practicada en el grueso muro portante que separa la capilla y conduce hasta la cocina.

The bottom picture shows the ground floor bathroom. All the moving partitions and built-in furnishings in the apartment are in oak wood.

En la fotografía inferior, imagen del baño situado en planta baja. Todas las particiones móviles y el mobiliario fijo del apartamento han sido realizados con madera de roble.

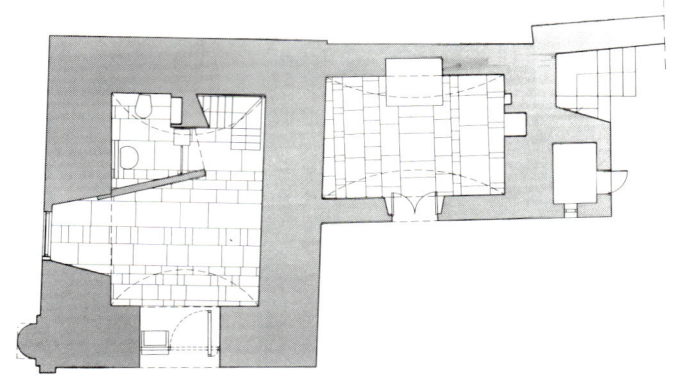

Ground floor plan / *Planta baja*

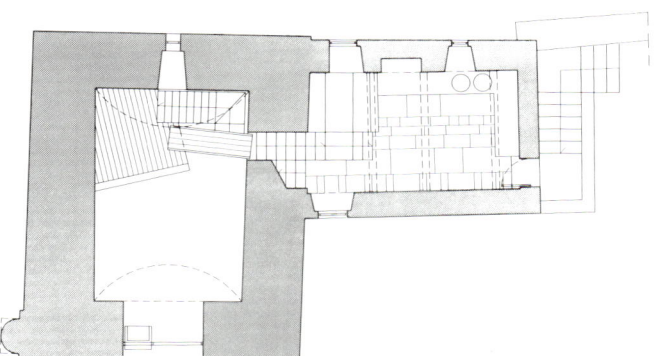

First floor plan / *Primera planta*

Second floor plan / *Segunda planta*

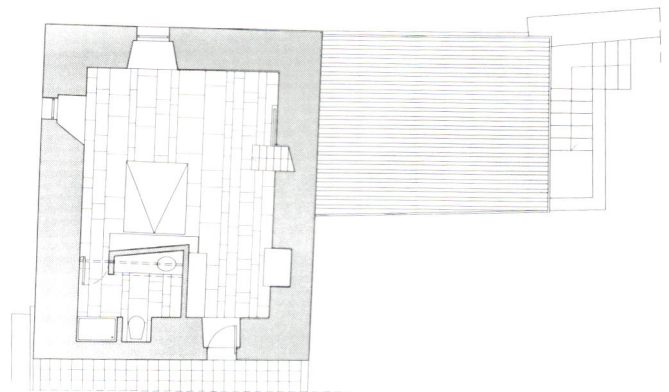

On this page, views of the kitchen, located just above the original site of the chapel of the castle.

En esta pagina, imágenes de la cocina, situada justo encima del lugar en que originariamente se encontraba situada la antigua capilla del castillo.

131

The courtyard leads directly into the living room through a door built in steel and glass which incorporates an oak seat on the inside. In the background, the staircase leads to the upper floors.

Desde el patio se accede directamente a la sala de estar, a través de una puerta con estructura de acero y cristal, que incorpora en su cara interior un asiento de roble. Al fondo, la escalera que conduce a las planta superiores.

Longitudinal section / *Sección longitudinal*

Louis KLOSTER

Sola Ruin Church (Jaeren, Norway) 1995

The project is focused on the reconstruction of a small Romanesque church, built in open countryside near the sea. The architect wished to capture the spirit of the location, the esence of the small construction in the immensity of the surroundings.

The Romanesque church was rebuilt stone by stone, by juxtaposing the spirit of the Middle Ages and the contemporary period, it is easier to discern the contrasts in building customs and technologies, and the differing interpretations of light and dark. The original natural dark diabase stone is used in all the walls. The joint heights in the overlaps, arches and openings have all been constructed in part based on markings and measurements from the last pre-demolition survey. To retain some of the character of the ruins the missing stone blocks are sometimes replaced by glass tiles. This also provides a deliberate articulation to the way the light is falling.

The roof construction has been recreated in the spirit of the building with massive oak timbers and inside boarding. The external roof uses whole, seamed bronze sheeting. Large and small openings in the walls are closed to the climate by expanses of toughened glass. The new floor is made in slate and conceals heating cables.

The altar is crafted from a large, rectangular stone block excavated from the foot of the tower. Lighting for the winter nights is from the simplest possible small, cylindrical pendulums. Modern technology has not been allowed to disturb the architectural theme but is nevertheless invisibly present.

This church used to be a closed space providing protection from the weather and natural forces, a space for contemplation and prayer. Today it is a richer space offering contact with the elements and our wider understanding of the universe.

El proyecto aborda la reconstrucción de una pequeña iglesia románica construida en medio de un campo desierto, cercano al mar. El arquitecto deseaba capturar el espíritu del lugar, la esencia de la pequeña construcción en la inmensidad de su entorno.

La iglesia ha sido reconstruida piedra a piedra, yuxtaponiendo el espíritu de la Edad Media y el periodo contemporáneo, favoreciendo una clara lectura de los contrastes en los hábitos de construir y en las tecnologías, así como las diversas interpretaciones de luz y oscuridad. La piedra natural original, de color oscuro, ha sido utilizada en todos los muros. El encuentro de alturas en las superposiciones, arcos y aberturas se ha llevado a cabo, en parte, siguiendo las marcas y las medidas de los restos encontrados antes de la demolición. Para mantener el carácter de las ruinas, los bloques de piedra perdidos han sido sustituidos en algunos puntos por piezas de cristal. Esto, además, permite una nueva y deliberada articulación de la entrada de luz.

La cubierta ha sido reconstruida con grandes vigas de roble e interiormente revestida con paneles de madera. Exteriormente, la cubierta va tapada con planchas de bronce. Grandes y pequeñas aberturas en los muros van cerradas con gruesas láminas de cristal. El nuevo pavimento está construido con piezas de pizarra y oculta el cableado de la calefacción.

El altar está esculpido a partir de una gran pieza rectangular de piedra excavada de la base de la torre. La iluminación en las noches de invierno procede de unos pequeños y sencillísimos péndulos cilíndricos.

La tecnología moderna no es evidente en el plano arquitectónico, pero está, sin embargo, invisiblemente presente. La iglesia solía ser un espacio cerrado y protegido de las inclemencias del tiempo y las fuerzas naturales, un espacio para el recogimiento y la oración. Hoy en día es un ámbito más rico, que ofrece contacto con los elementos y que evidencia un más sabio conocimiento del universo.

The Romanesque church stands on a platform in the middle of a landscape dominated by the fields and the sea.

La antigua iglesia románica se asienta sobre una plataforma situada en medio de un paisaje dominado por los campos y el mar.

During the restoration process the original stones were used wherever possible. Where they were not found, it was decided to use glass blocks, as at the top of the west facade.

En el trabajo de restauración las piedras originales fueron utilizadas donde fue posible. Donde no se encontraron, se decidió la colocación de bloques de cristal como sucede, por ejemplo, en la parte alta de la fachada oeste.

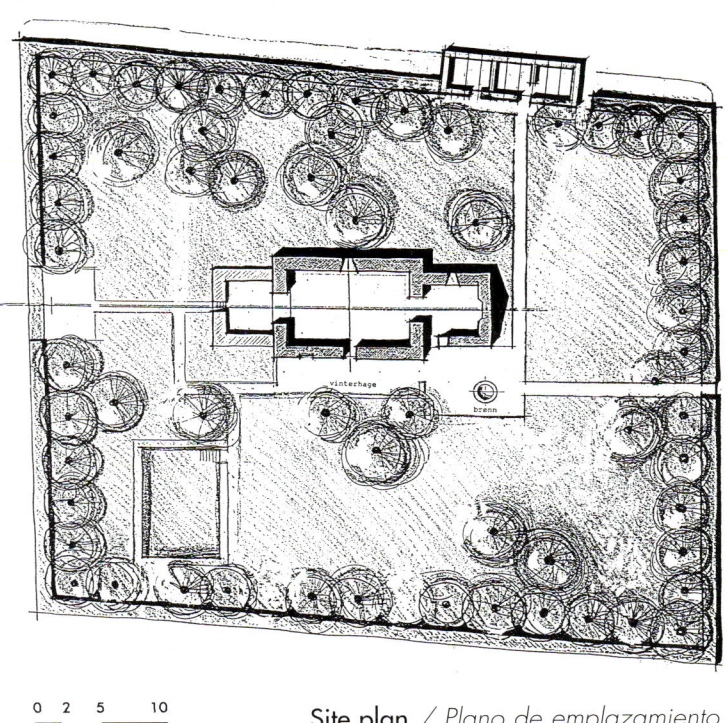

Site plan / *Plano de emplazamiento*

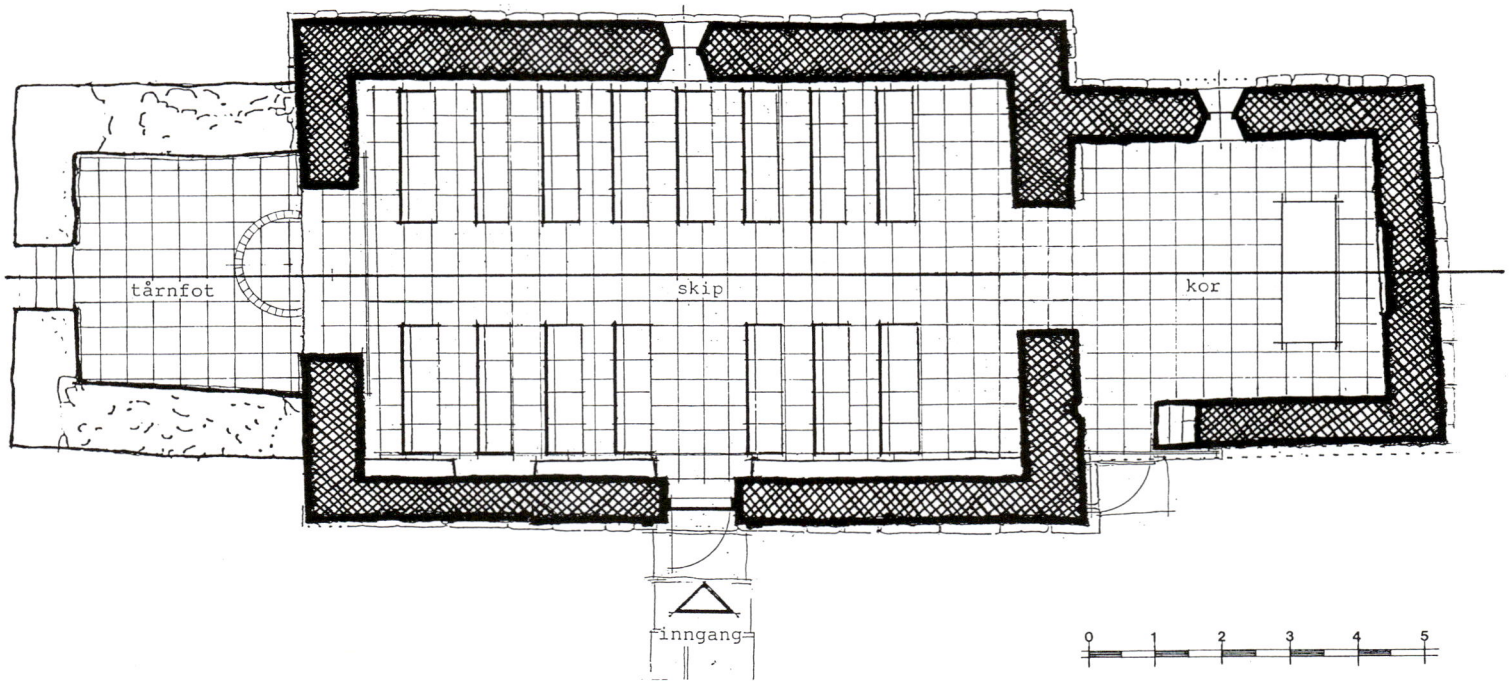

tårnfot   skip   kor

inngang

0   1   2   3   4   5

Ground floor plan / *Planta baja*

The new structure covering the building was made with large oak boards with a continuous strip of glass forming the ridge.

La nueva estructura que cubre el edificio ha sido realizada con grandes tablas de madera de roble. Sin embargo, la cumbrera se ha resuelto con una franja continua de cristal.

Cross section / *Sección transversal*

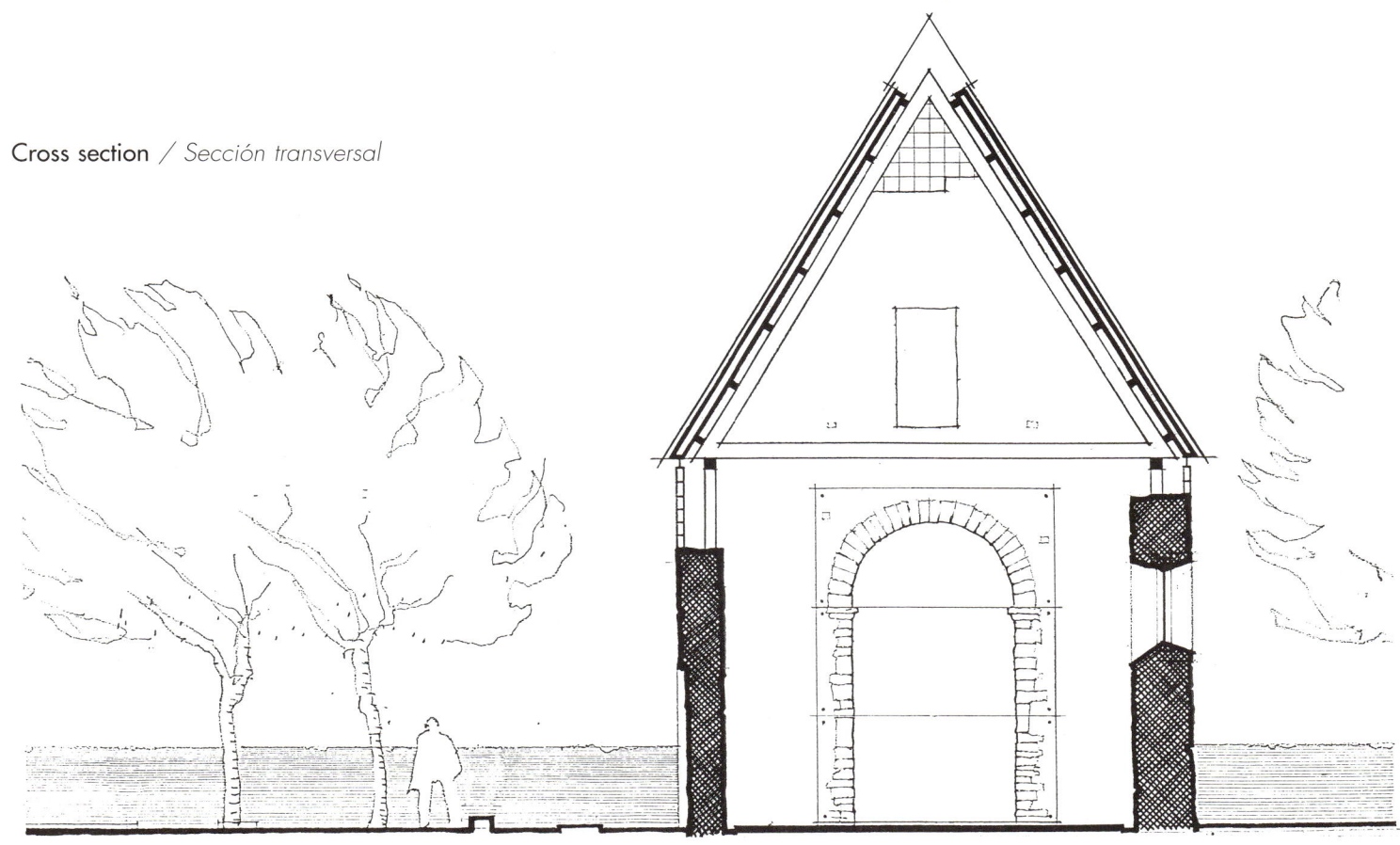

Two images showing the interior and the exterior of the great west-facing arch. The glass wall face allows a great amount of light to illuminate the interior.

Dos imágenes, desde el interior y el exterior respectivamente, del gran arco orientado a oeste. El paramento de cristal, que lo reviste, permite la entrada generosa de luz en el interior.

In the places where it was not possible to find the original stones, they were replaced by glass wall faces that allow a great amount of light to enter the interior space.

En los lugares donde no ha sido posible encontrar las piedras originales, éstas han sido sustituídas por paramentos de cristal, que permiten la entrada de mayor cantidad de luz en el espacio interior.

Ottorino BERSELLI & Cecilia CASSINA

Residenza in Puegnago del Garda (Monte Acuto, Italy) 1996

In the Italian hills of Valtenesi, overlooking Lake Garda, stands the small town of Monte Acuto. It is presided over by a tower with an old dovecot, a construction typical of the plain of Padania but uncommon in this region.

The restoration project covered one corner of the old town, which dates back to the end of the sixth century and is dominated by the massive quadrangular tower. The whole complex was in an advanced state of disrepair, particularly the tower, and a thorough restoration was therefore carried out on several levels.

The project was based on the idea of retrieving previously existing elements, with particular attention to interpreting everything that, through the successive layers that had been superimposed over the years, bore clear indications of its past. The project therefore proposed a reassessment of the whole town, despite the fact that it directly affected only a fragment of it, "in an attempt to regain lost urban emotions," in the words of the authors in their report on the project.

The theme running though the new work is light, which assumes the main role in the scheme as a result of the generous yet subtle openings. The serene atmosphere of the interior of the old tower (now converted into a dwelling) is bathed in light entering through clean slits running the length of the ceiling on the first two floors, where the main rooms are situated.

The materials used – palette-applied intonaco on the walls, and coloured cement and natural oak on the floors – endow all the rooms with a homogeneous feel. The distribution of the rooms was problematic due to the unusual structure of the house, particularly the top storey, formerly used as a dovecot. The solution finally adopted was to have the ground floor as the day area (living room, kitchen, bathroom, etc.) and the first floor as the night area (bedrooms). The remaining floors (the second and third floors and the former dovecot) contain the guest rooms, various study areas and a library, with panoramic views over the lake.

Entre las colinas italianas de Valtenesi, sobre el lago de Garda, se descubre el pueblo de Monte Acuto, una pequeña población presidida por la torre de un antiguo palomar, un tipo de construcción habitual en la llanura padana aunque extraña en esta región.

El objeto de la restauración es un ángulo del antiguo pueblo, datado a fines del siglo VI y regido por la masiva torre cuadrangular. Todo el complejo presentaba un estado de deterioro avanzado, en especial la torre, por lo que se llevó a cabo una profunda reestructuración en varios niveles.

El proyecto se ha basado en la recuperación de lo existente con especial atención a la lectura de todo lo que, a través de las superposiciones realizadas con el tiempo, escondía claros signos de su vida pasada.

Y así, la obra propone una recualificación global del pueblo, aunque operando sobre un fragmento de él, con objeto de recuperar emociones urbanas perdidas.

El hilo conductor de la nueva intervención es la luz, que, a través de generosas y sutiles aberturas, se convierte en la gran protagonista de la actuación. Esta baña la serena atmósfera del interior de la antigua torre, ahora transformada en vivienda, desde limpios cortes que recorren el techo en las dos primeras plantas, donde se ubican las estancias principales.

Los materiales empleados –revoco a espátula en las paredes, hormigón coloreado y madera de roble natural en los pavimentos– dotan de un espíritu homogéneo a todas las habitaciones. La distribución de las mismas fue difícil, debido a la singular estructura de la casa y, sobre todo, a la del remate de la torre, antiguamente habitada por las palomas. Finalmente se optó por reservar la planta baja como zona de día (comedor, cocina, lavandería...) y la primera planta como zona de noche (dormitorios). En el resto de los niveles –segundo, tercero y el espacio del palomar– se han repartido la zona de invitados y varios ámbitos de estudio y biblioteca, con vistas estratégicas del lago.

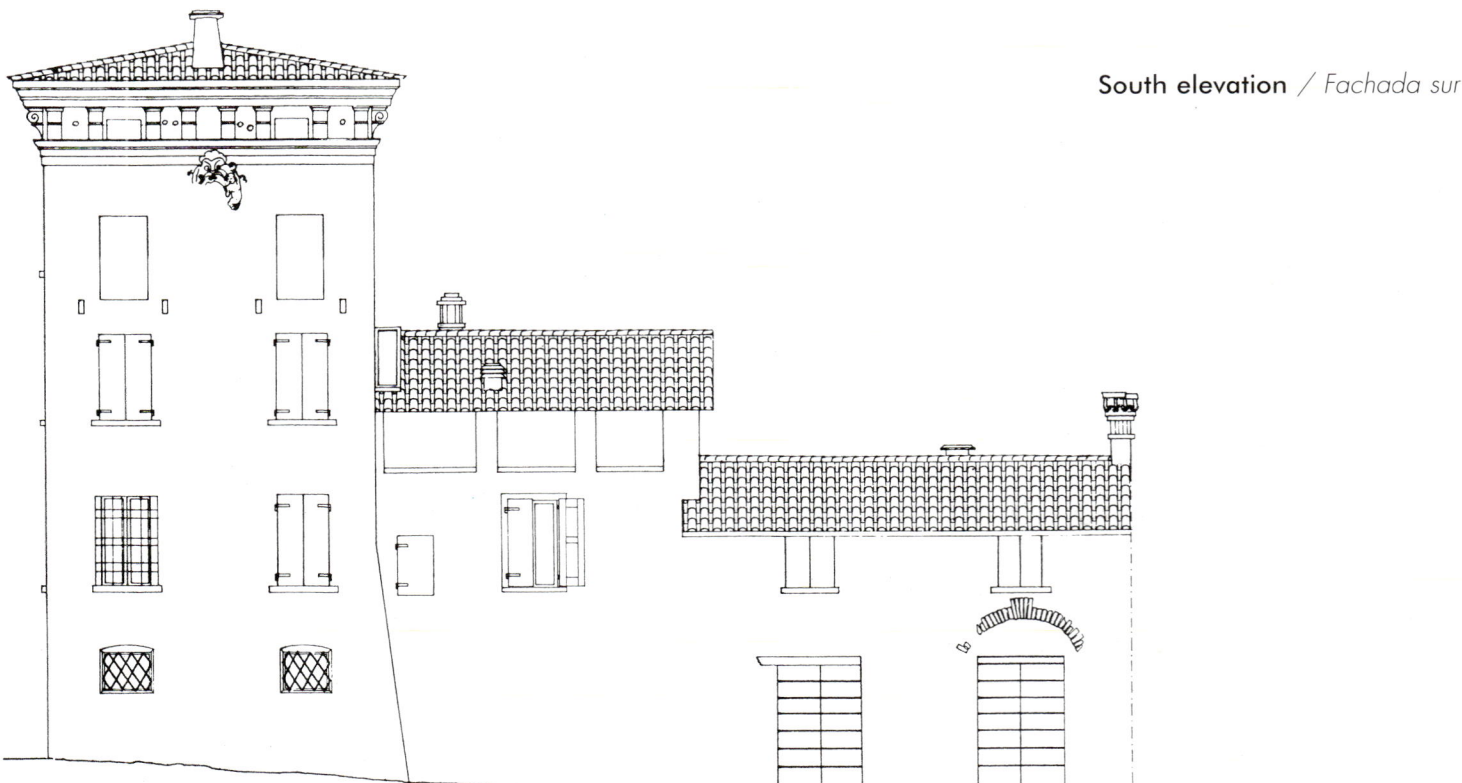

South elevation / *Fachada sur*

The project involved the restoration and renovation of an old building featured by a tower crowned with a dovecot. Now converted into a dwelling, before the reparation the complex offered an advance state of disrepair.

La actuación ha consistido en la restauración y rehabilitación de de una antigua construcción, en la que destaca una singular torre rematada por un palomar. Ahora transformada la vivienda, el conjunto presentaba antes de las obras un estado de deterioro avanzado.

North elevation / *Fachada norte*

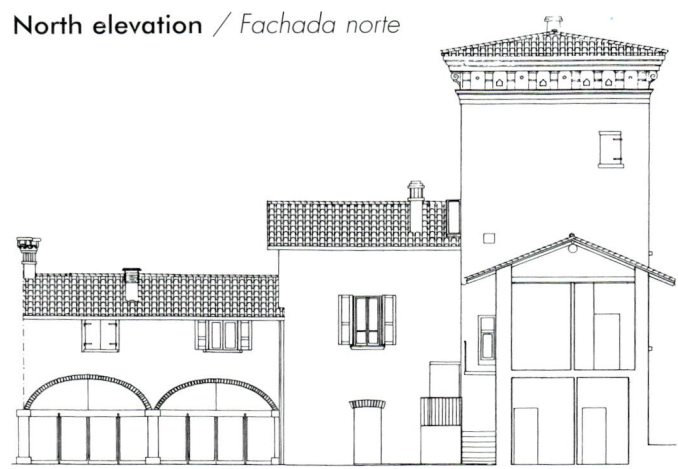

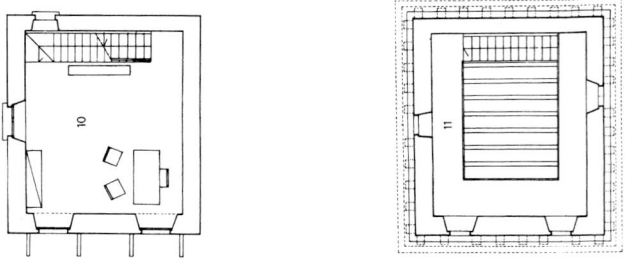

Third floor plan and dovecot / *Tercera planta y palomar*

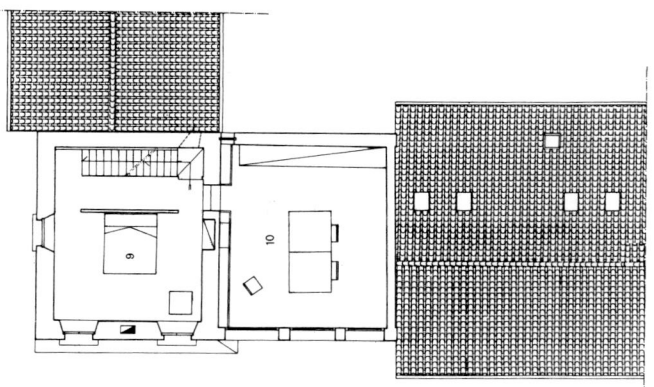

Second floor plan / *Segunda planta*

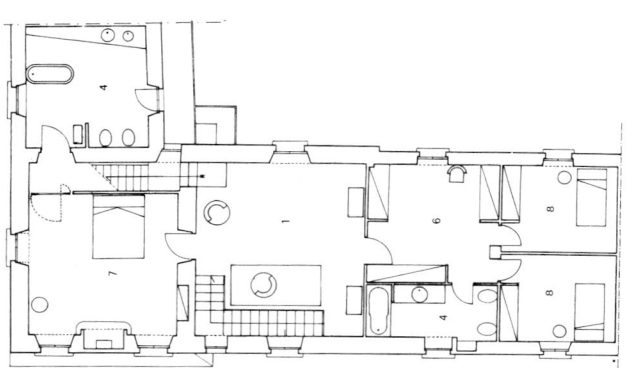

First floor plan / *Primera planta*

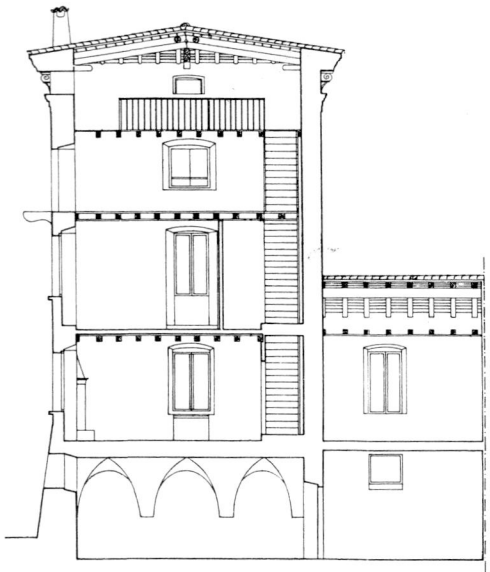

Section A-A / *Sección A-A*

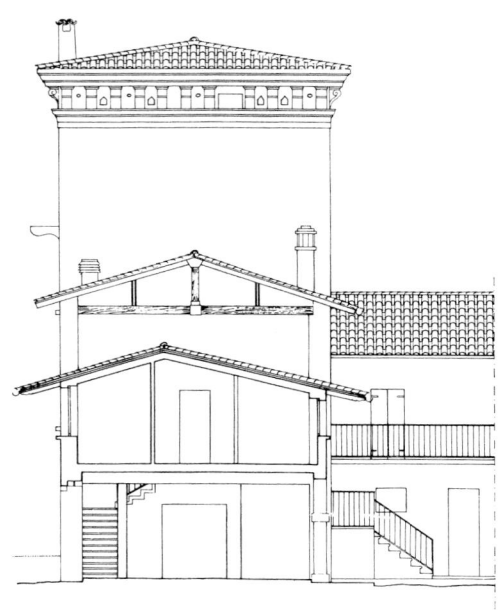

Section B-B / *Sección B-B*

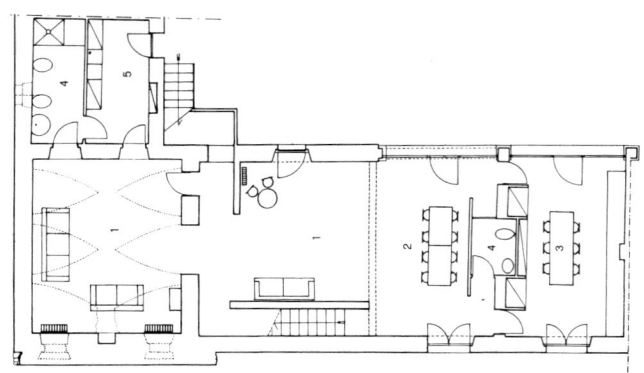

Ground floor plan / *Planta baja*

The homogeneous finish given to the interiors enables the project to be interpreted as a whole.

La homogeneidad con que han sido tratados los acabados interiores de la vivienda permite que el conjunto pueda ser leído como una unidad.

Broad transversal openings run the length of the roof, providing the main rooms on the first two floors with generous but subtle lighting. The study and library occupy the old dovecot.

Amplios vanos transversales recorren el techo e iluminan de forma generosa y sutil las estancias principales situadas en las dos primeras plantas. En el espacio ocupado por el antiguo palomar se encuentra la zona de estudio y biblioteca.

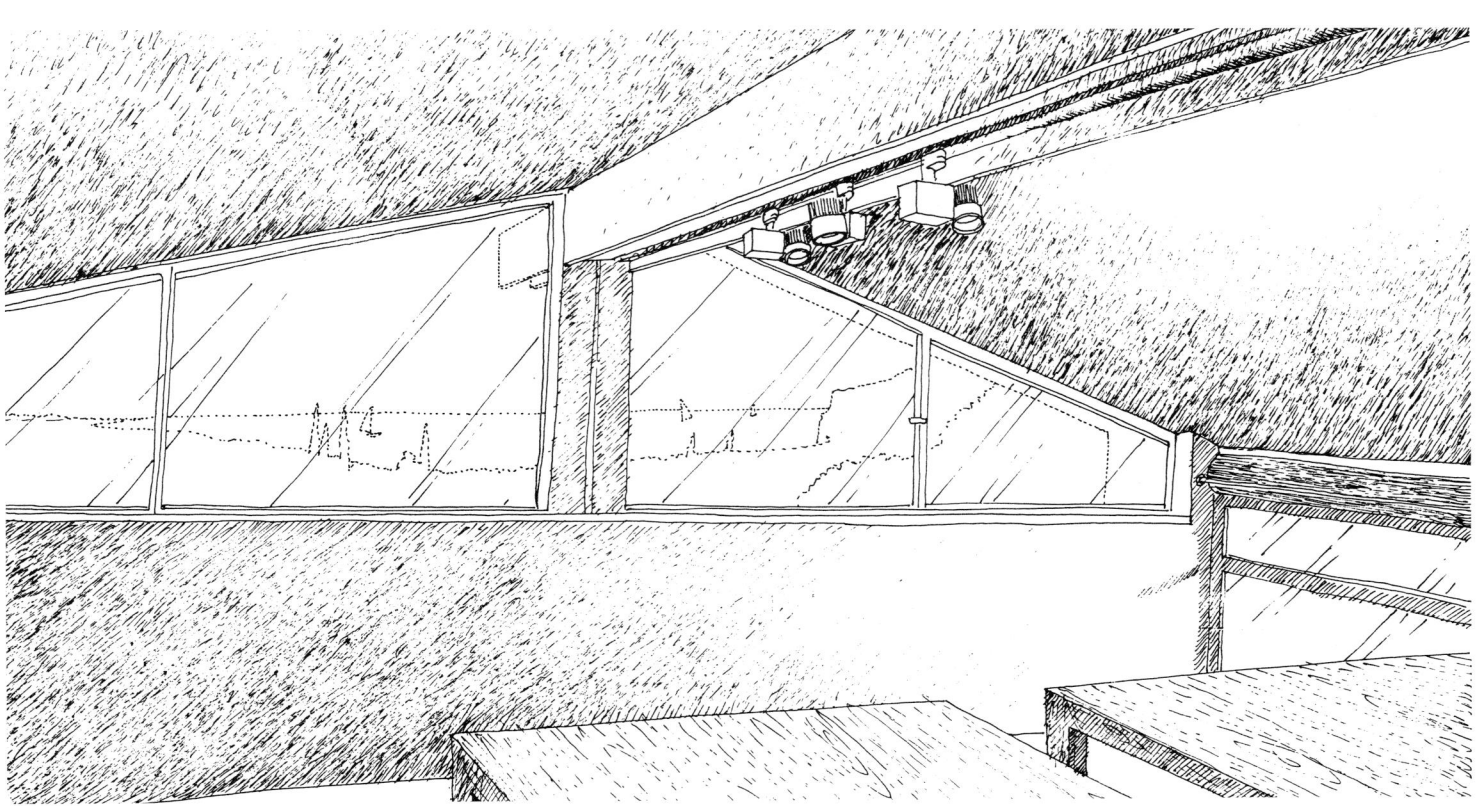

Susanna LUMSDEN & Patrick DILLON

House in Holland Park (London, England) 1997

The project is an unusual modern house that has been carved out of the structure of an existing Church Hall. The client required a modern home with one large living space on a single floor. Few residential buildings lend themselves to this kind of conversion and most commercial buildings considered were either too large or had low ceilings.

The derelict Church Hall struck the right balance among all the requirements. Its core was a 20 x 8 metre hall, built in the late 19th century with a smaller hall to one side and raised stage at one end. Both rooms were well lit form above by dormer windows and lanterns. The aim was to insert a completely new set of living spaces into the shell of the main hall, stage and smaller hall.

By demolishing outbuildings at the back, the structure was reduced to its simplest elements and opened up to the garden. A clear distinction was drawn between the old core and the new additions. The shell was refurbished using traditional materials while the design of the new insertions (a staircase, two partitions and a mezzanine floor) emphasise their distinctness and modernity and uses materials from a carefully graded palette: glass mosaic, unpainted render and lacquered steel.

The result is powerful tension between modern elements and the traditional building that houses them. The design visibly acknoweledges the building's former institutional character and structure but adds a series of new layers which have transformed it from an obsolete shell into a spacious and unusual home.

El proyecto es una singular vivienda, creada en el interior de una antigua sacristía. El cliente deseaba una casa actual de planta única y con un gran estar. Pocos edificios residenciales permiten realizar un espacio así, y la mayoría de los espacios comerciales que se consideraron eran, o demasiado grandes, o tenían los techos excesivamente bajos.

La abandonada sacristía proporcionaba un equilibrio entre todos los requisitos. Su núcleo era un vestíbulo de 20 x 8 metros, construido a finales del siglo XIX, con un pequeño hall en uno de sus lados y una plataforma elevada en otro. Ambos espacios estaban bien iluminados a través de lucernarios y mansardas. El objetivo fue insertar un nuevo conjunto de espacios habitables dentro del esquema del espacio principal, la plataforma mencionada y el pequeño hall.

Mediante la demolición de los edificios ubicados tras la fachada posterior, la estructura se redujo a los elementos básicos y la vivienda se abrió al jardín. Se trazaron claras distinciones entre el antiguo espacio y los nuevos elementos. La estructura fue restaurada mediante sistemas y materiales tradicionales, mientras que el diseño de los nuevos añadidos (la escalera, dos muros de separación y el entresuelo) evidencian su modernidad con el uso de una delicada paleta de materiales: mosaico de vidrio, revoco sin pintar y acero lacado.

El resultado es de una poderosa tensión entre los elementos modernos y la construcción tradicional en los que se insertan. El diseño muestra intencionadamente el carácter institucional del antiguo edificio y de su estructura, pero al mismo tiempo añade una serie de nuevos estratos que lo transforman desde un objeto obsoleto a una espaciosa y poco convencional vivienda.

With the demolition of the secondary buildings behind the rear facade, the structure was reduced to its basic elements, and the living space was completely opened up to the garden at the rear.

Mediante la demolición de los edificios secundarios, ubicados tras la fachada posterior, la estructura se ha reducido a los elementos básicos y la vivienda se ha abierto completamente al jardín, situado en la parte trasera.

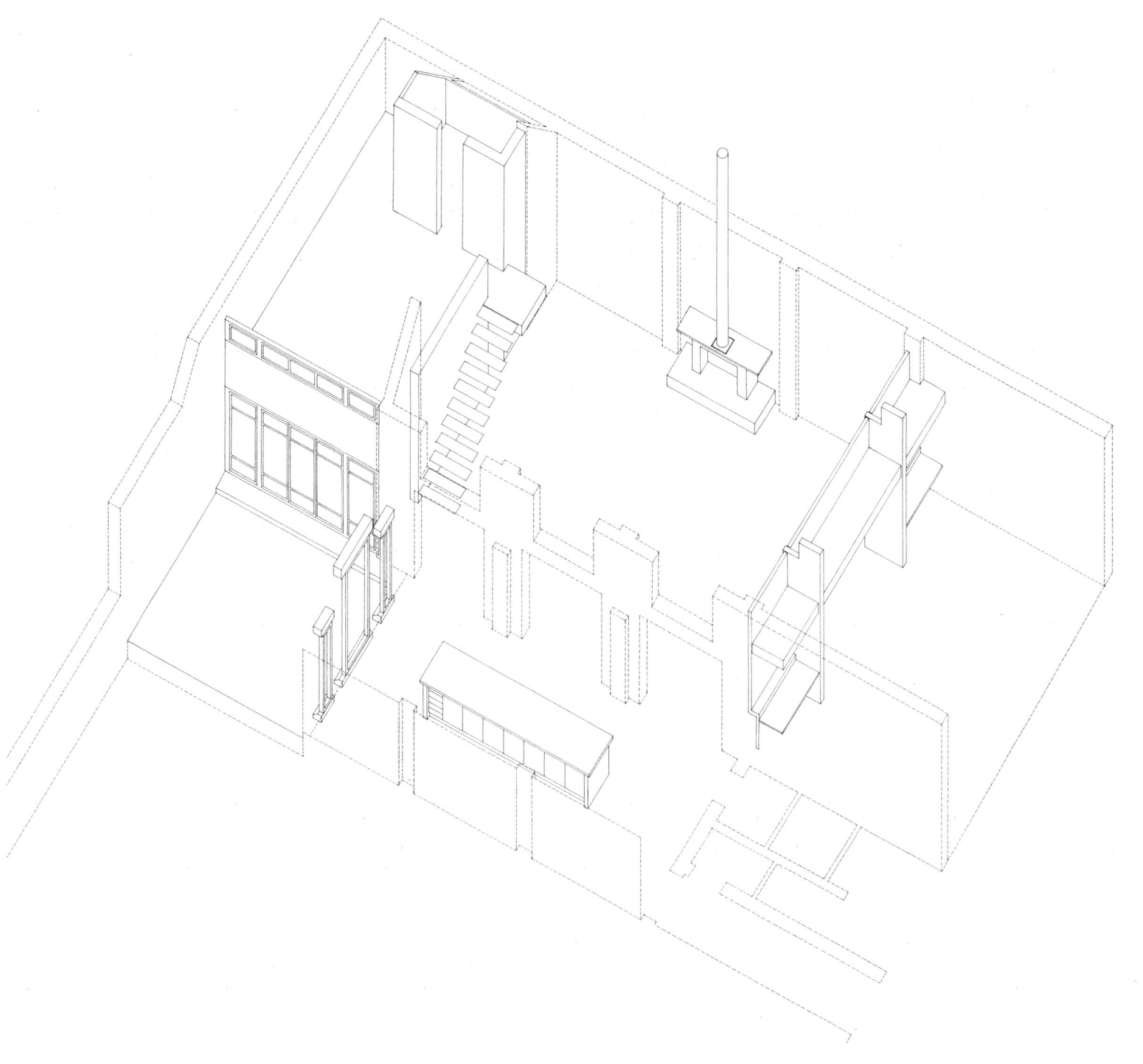

The core of the house is formed by a hall 60 feet high, built at the end of the nineteenth century. The space is bathed in generous zenithal light entering through skylights inserted in the roof.

El núcleo principal de la vivienda es un vestíbulo de veinte metros de altura construido a finales del siglo XIX. Éste se encuentra generosamente iluminado cenitalmente mediante lucernarios practicados en la cubierta.

Ground floor plan and penthouse / *Planta baja y altillo*

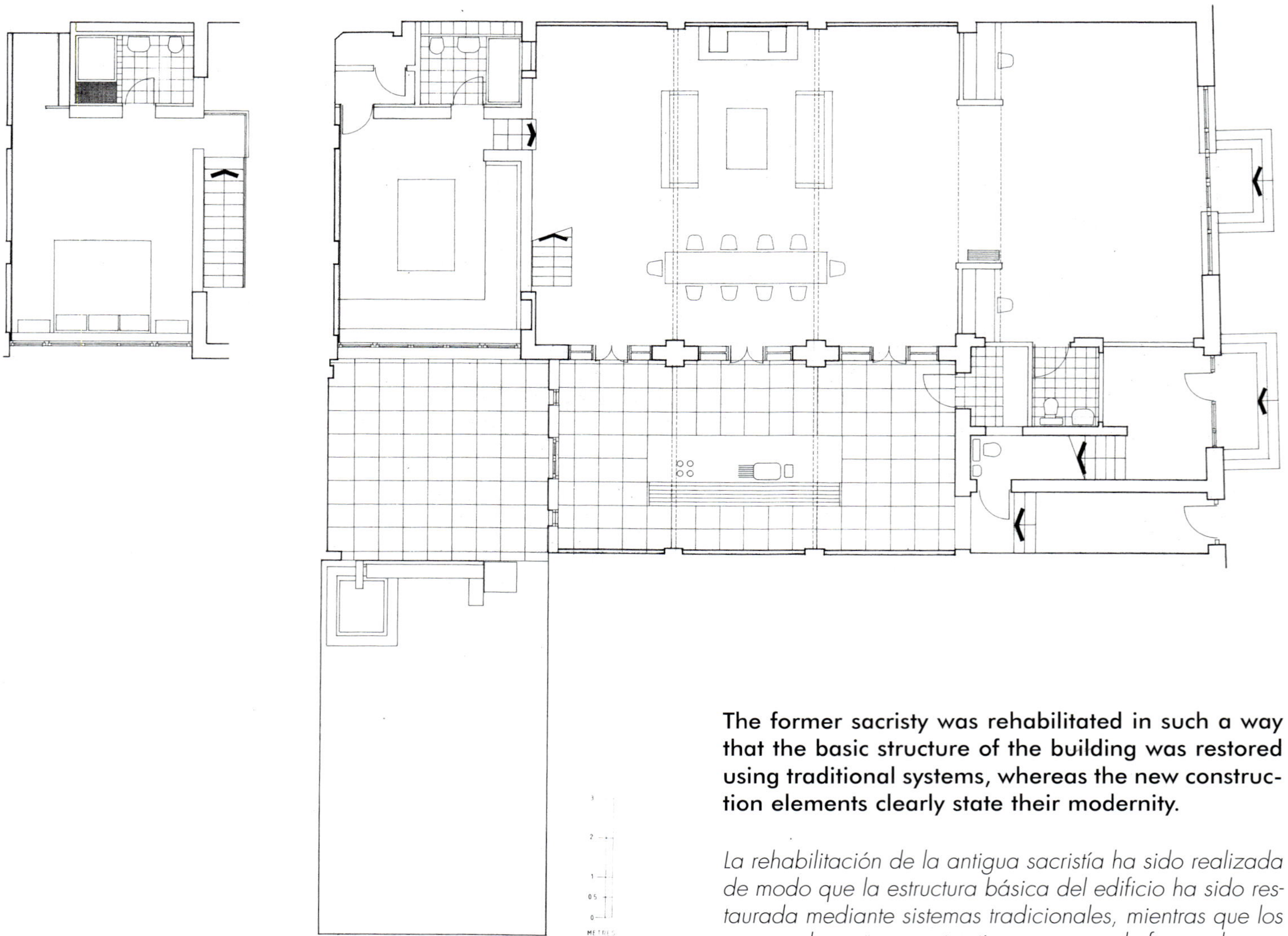

The former sacristy was rehabilitated in such a way that the basic structure of the building was restored using traditional systems, whereas the new construction elements clearly state their modernity.

La rehabilitación de la antigua sacristía ha sido realizada de modo que la estructura básica del edificio ha sido restaurada mediante sistemas tradicionales, mientras que los nuevos elementos constructivos exponen de forma clara su modernidad.

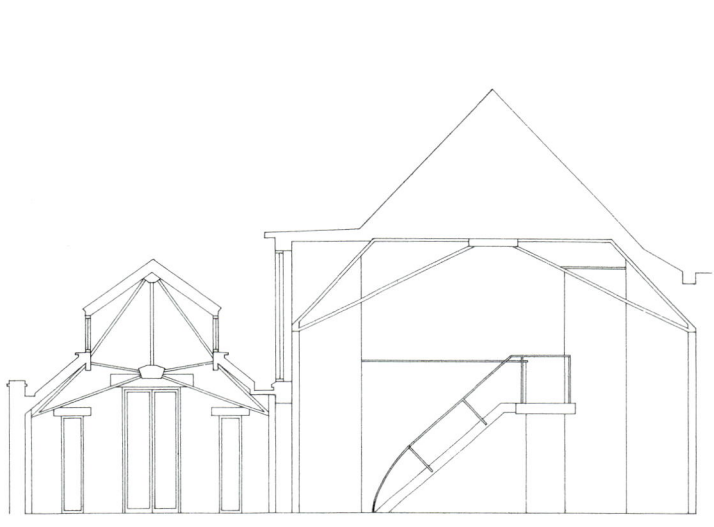

Cross section / *Sección transversal*

Oswald Mathias UNGERS

Wasserturm (Utscheid, Germany) 1994

The original tower dating from 1957 had only the two upper floors, housing the water tank and machinery, and a high entrance hall. The kitchen floor is a new addition, and is overlooked by a gallery running parallel to the stairs. On the first level it is a newly-constructed element containing the bedroom with shower, bath and fitted cupboards. The top floor is a tall space with four windows: sparsely furnished, it is a meditation area with breathtaking views over the Eifel Mountains.

The structural limitations of the existing building were respected in the conversion work and in the fittings, and from the outside there is no indication that it is used as a dwelling. The thick sandstone walls were conserved, and repairs and alterations were made only where necessary. The internal pillars that stabilise the vertical structure were integrated into the design concept as naturally independent elements.

As one enters the tower one is struck by the succession of spaces that have been created: the alternation of wide-narrow and high-low. Emerging from the low, narrow stairwell there is always a high, wide space with a view of the landscape. The spaces in the water tower are simple elements stacked one on top of the other, but the art of the design lay in adapting and refining the existing aesthetics to the new use. The spaces and materials are thus left in their purest form: sandstone, the circular form of the steps, the verticality of the layout, the new additions - all is pure, unobtrusive, natural.

An example of this is that the windows largely follow the original design, serving less an idea of living space and views, and more the original purpose of illumination: one window on the stairwell, one in the kitchen and one in the bathroom. However, on the upper floor the situation is different. Four windows point in the four directions, thus adding a new dimension to the circular plan thanks to the conceptual rigour of the architect, who pursued the maxim "less is more" with laudable sensitivity.

La torre original de 1957 sólo tenía los dos pisos superiores –que alojaban el depósito de agua y la sala de máquinas– y una entrada de gran altura. La planta de la cocina es una nueva adición, a la que asoma una galería que corre paralela a las escaleras. En planta primera, un elemento de nueva construcción contiene la alcoba con la ducha, el baño y unos armarios empotrados. El último nivel es un espacio alto con cuatro ventanas provisto de escasos elementos, que se transforma en zona de meditación con magníficas vistas sobre las montañas Eifel.

Las limitaciones estructurales del edificio existente se respetaron en las obras de conversión y en los accesorios, de modo que desde fuera no hay indicio de su uso residencial. Las gruesas paredes de arenisca se han conservado y se han realizado únicamente las reparaciones y alteraciones imprescindibles. Las columnas interiores que estabilizan la estructura vertical se han integrado en el concepto del diseño como elementos naturalmente independientes.

Al entrar en la torre, sorprende la sucesión de espacios que se han creado: la alternancia de ancho-estrecho y alto-bajo. Surgiendo de la caja de la escalera baja y estrecha, hay siempre un espacio amplio y alto con vistas al paisaje. Los espacios de la torre de agua son elementos sencillos colocados uno encima del otro, pero el acierto del diseño reside en la adaptación de la estética existente al nuevo uso. De esta manera, los espacios y los materiales se mantienen en su forma más pura: arenisca, la forma circular de la escalera, la verticalidad de la distribución, las nuevas adiciones: todo es puro, discreto, natural.

Las ventanas, por ejemplo, siguen en su mayor parte el diseño original, subordinándose no tanto a la idea de espacio vital y de vistas, sino al propósito original de iluminación: una ventana en la caja de la escalera, una en la cocina y una en el cuarto de baño. Sin embargo, en el piso superior la situación es diferente. Cuatro ventanas indican las cuatro direcciones, agregando así una nueva dimensión a la planta circular gracias al rigor conceptual del arquitecto, que persiguió la máxima "menos es más" con una loable sensibilidad.

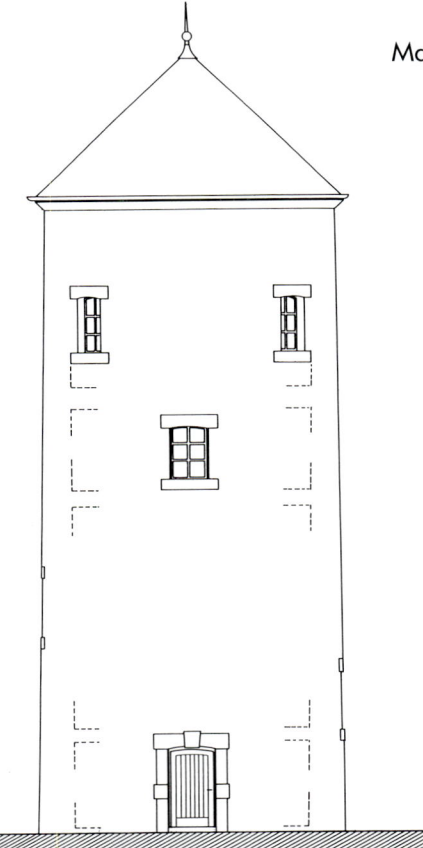

Main façade / *Fachada principal*

The top photograph shows a general view of the outside of the water tower. On the following page, view of the staircase giving access to the different levels of the dwelling.

En la imagen superior, vista general del exterior de la torre de agua. En la página siguiente, imagen de la escalera a través de la cual se accede a los diversos niveles en los que se organiza la vivienda.

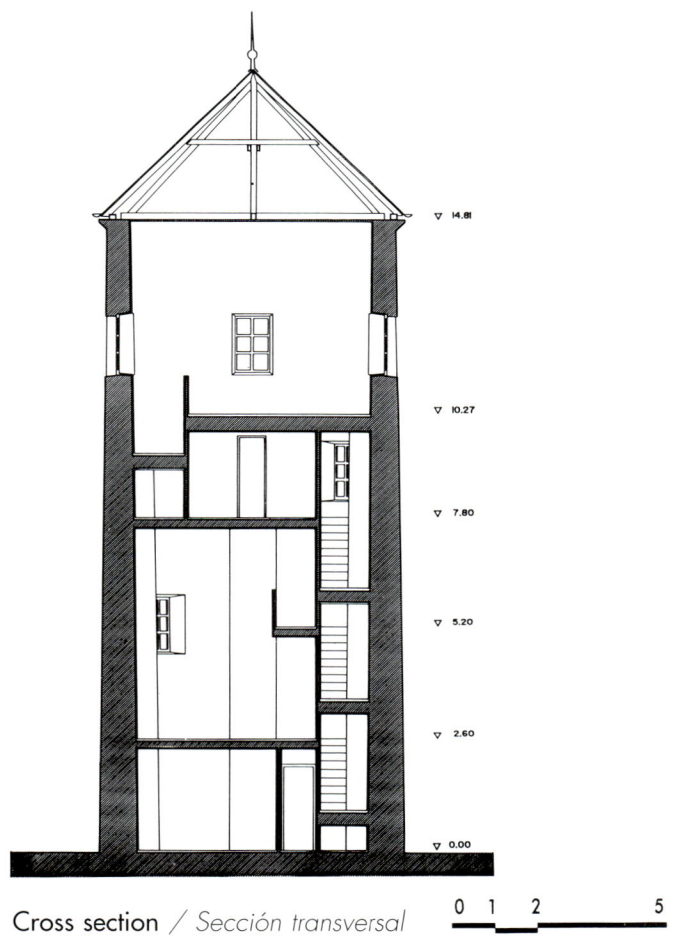

Cross section / *Sección transversal*

0 1 2 5

161

The project has used the existing openings except on the top floor, in which four new windows look out in the four directions.

El proyecto ha utilizado las aberturas existentes excepto en la planta superior, en la cual cuatro nuevas ventanas se abren en las cuatro direcciones.

Third floor plan / *Planta tercera*

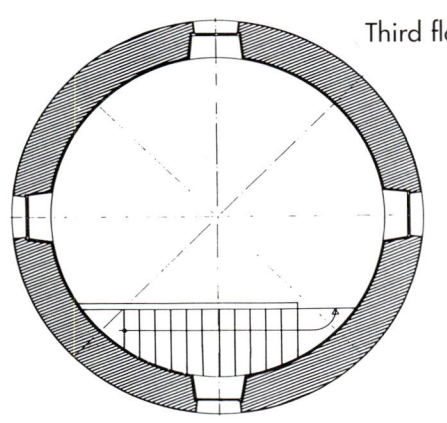

Second floor plan / *Planta segunda*

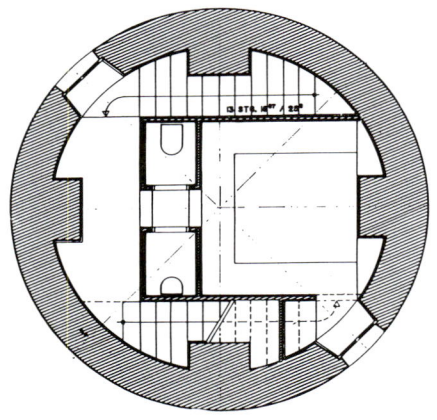

First floor plan / *Planta primera*

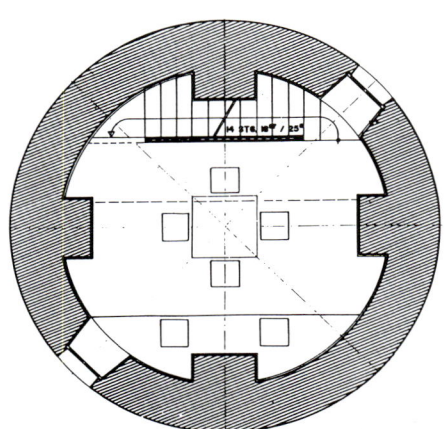

Ground floor plan / *Planta baja*

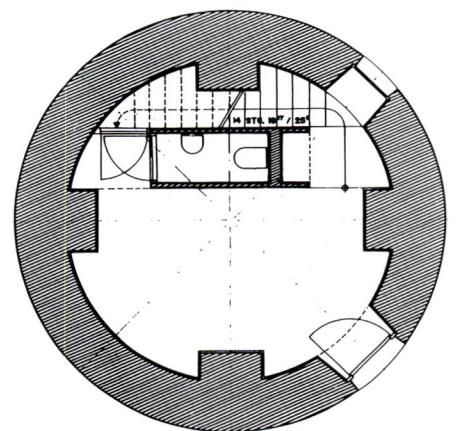

0 1 2   5

The kitchen is located on the ground floor. The top photograph shows the four interior columns that stabilise the thick sandstone walls and function as totally independent elements.

La cocina está situada en la planta baja. La fotografía superior muestra las tres columnas interiores que estabilizan los masivos muros de arenisca y funcionan como elementos totalmente independientes.

Alois PEITZ

St. Maximin Sportliche und Kulturelle Zentrum (Trier, Germany) 1995

The three main requirements of the brief to restore St Maximin church were its conversion accommodation of sporting and cultural activities, access to the archaeological remains beneath the church and retention of the newly restored appearance of the building both internally and externally.

The main space is reached via an extension of the former vestry, in which a foyer and ancillary spaces are located. The wood sprung floor necessary for sporting uses lends the tall, hall-like space a warm note. Wall bars and basketball nets have been fixed to the walls of the side aisles. To protect children against injury (and the structure against damage), temporary matting is fixed to the columns during sports sessions. From an overhead gantry nets can be lowered to divide the nave into separate sections without interrupting the visual continuity of the space.

The lighting concept provides bright, cool light for sporting activities and warmer light for concerts and other cultural events. Spotlights directed to mirrored surfaces produce lighting without glare. The orchestra platform in the former chancel can be extended by means of a hydraulic lifting system. Special plaster was applied between the vaulting ribs to improve the spatial acoustics.

The archaeological remains beneath the building are reached via a separate outdoor entrance. A door with a vertical iron grating provides access to a circular route through the labyrinth of stone sarcophagi, ruined walls and truncated columns that are the remains of former buildings on this site.

The newly inserted elements —windows, doors, sports equipment, the gantry, the spiral staircase in the tower, and the lighting fittings— are mainly of steel. They accentuate the rigorous architectural language of the former church space and introduce comparable modern forms without seeking historicist clichés.

Las tres principales exigencias del encargo para la restauración de la iglesia de St. Maximin fueron: su reconversión para acoger actividades culturales y deportivas, la creación de un acceso a los restos arqueológicos que se conservan bajo la iglesia y el logro de una imagen renovada tanto en el interior como en el exterior.

Al espacio principal se accede a través de una ampliación de la antigua sacristía, donde ahora se encuentran un vestíbulo y algunas salas auxiliares. El pavimento de madera, necesario para competiciones deportivas, proporciona una cálida atmósfera al amplio y alto espacio. Las barras de las paredes y las cestas de baloncesto han sido fijadas a los muros de las naves laterales. Para proteger a los niños de posibles golpes (y a la estructura de previsibles daños), se coloca, durante las competiciones, una protección temporal de estera sobre los pilares. Un sistema de redes suspendidas desciende del techo para dividir la nave en secciones separadas, que no interrumpen la continuidad espacial.

La iluminación está diseñada de forma que proporciona una brillante luz fría en el desarrollo de actividades deportivas y una luz cálida en la celebración de conciertos y otros acontecimientos de tipo cultural. Los puntos de luz dirigidos hacia superficies reflectantes evita deslumbramientos. La plataforma de la orquesta sobre el antiguo presbiterio puede ampliarse mediante un sistema hidráulico de elevación. Con objeto de mejorar la acústica de la nave, se ha aplicado un enlucido especial en la nervadura de las bóvedas.

Atravesando una entrada independiente, se accede a los restos arqueológicos bajo la iglesia. Una puerta con reja de hierro abre el paso a la ruta circular a través de un laberinto de sarcófagos de piedra, muros en ruinas y columnas truncadas, que constituyen los restos de antiguos edificios que se levantaban en el lugar.

Los elementos nuevos —ventanas, puertas, equipamientos deportivos, la reja, la escalera de caracol en la torre y los puntos de luz— son, en su mayoría, de acero. Esto acentúa el riguroso lenguaje arquitectónico del antiguo espacio eclesiástico, y aporta formas nuevas afines, sin caer en la recreación de históricos clichés.

One of the requirements of the rehabilitation programme was to provide an independent access and to organise a route through the archaeological remains in the lower part of the church.

Una de las premisas del programa de rehabilitación consistía en proporcionar un acceso independiente, y organizar un nuevo recorrido a través de los restos arqueológicos encontrados en la parte inferior de la iglesia.

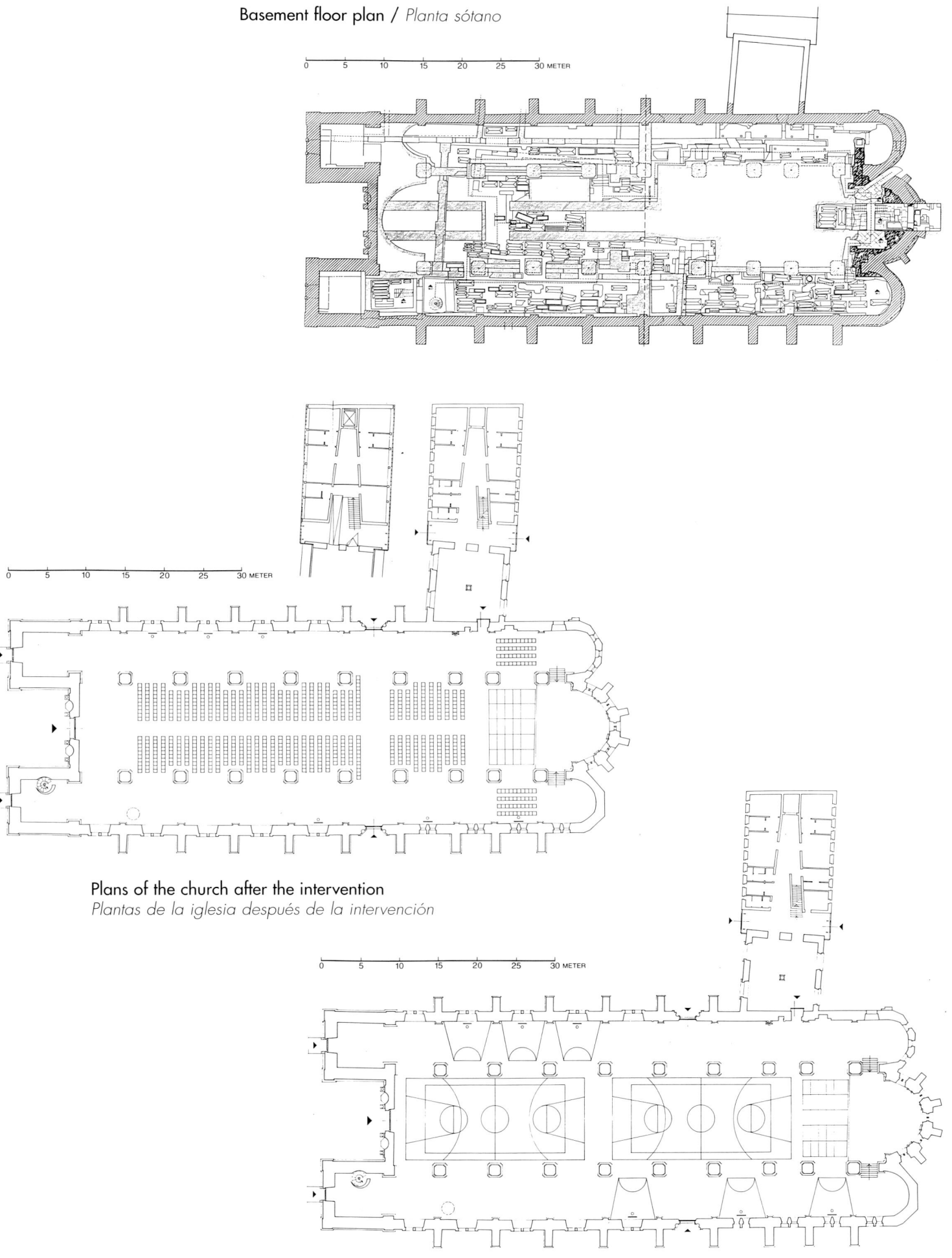

Basement floor plan / *Planta sótano*

0 5 10 15 20 25 30 METER

0 5 10 15 20 25 30 METER

Plans of the church after the intervention
Plantas de la iglesia después de la intervención

0 5 10 15 20 25 30 METER

As can be seen in the photograph on the right, a system of nets descends from the upper part of the church, allowing it to be divided into different sectors without interrupting the spatial continuity.

Tal como se observa en la imagen de la derecha, un sistema de redes desciende desde la parte superior de la iglesia, permitiendo dividir la misma en diferentes sectores sin interrumpir la continuidad espacial.

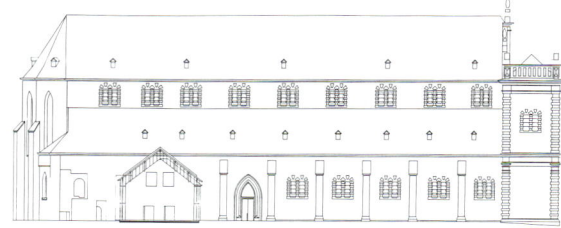

North elevation / *Alzado norte*

The top photograph shows how a system of spotlights directed to mirrored surfaces provides an even quality of lighting in the whole interior.

La fotografía superior muestra cómo, mediante un sistema de puntos de luz dirigidos hacia superficies reflectantes, se consigue que se ilumine la totalidad del espacio interior.

One of the elements added to the church is the steel spiral staircase that leads the visitors to the top of the tower.

Entre los elementos añadidos a la iglesia, destaca la escalera de caracol, realizada en acero, que conduce a los visitantes hasta lo alto de la torre.

Cross section / *Sección transversal*

The sprung wood floor, an essential element in places used for sport, gives the church a touch of warmth.

El suelo flotante de madera, elemento imprescindible en lugares en los que se practican actividades deportivas, proporciona a la iglesia un toque de calidez.

Axonometric projection / *Axonometría*

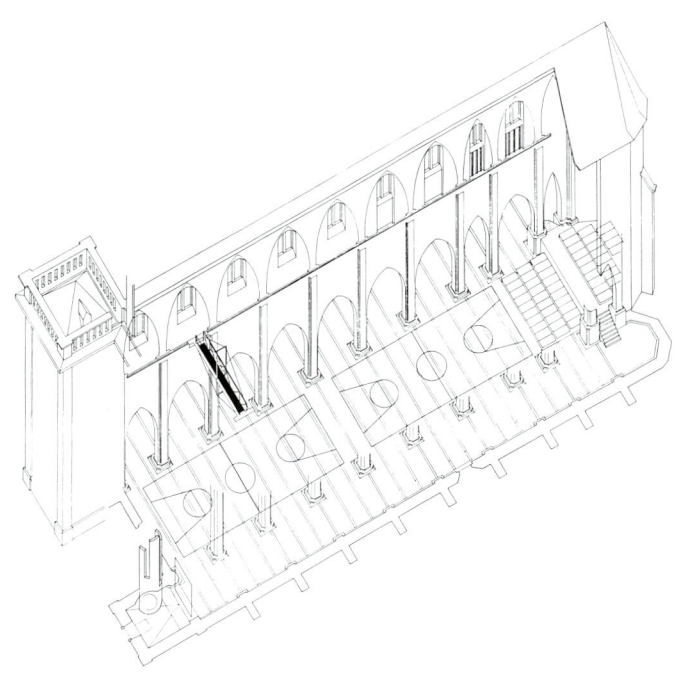

Peter DINSE

Villa Hasenheide (Berlin, Germany) 1996

The task was to convert an old villa — a relic of a former dance-hall situated in a traditional Berlin inner courtyard — into a cafe and administration building. The cafe would have to open the courtyard once again to the public.

The development of the Berlin courtyard is completed by a new administration building joined to the old building along the fire wall.

From the main façade, the villa shows its original structure, as an Italian Renassaince *palazzo*, while the rest of the façades are a consciously modern elements, without past features. An additional storey will be added to the old villa, a flying roof stretching to the new building accentuates the historic significance of the house and creates a distinct transition to the proportions of the adjoining new and old courtyard buildings.

Two green axes run through the design. The basic idea of these axes was to conduct the airstreams through the building. Ventilation via open parts of the façade leads the fresh air to the hall, and along the fire wall up to the roof.

El objetivo era transformar una antigua villa —antaño sala de baile en un patio tradicional de Berlin— en café y en edificio de oficinas. El café tendría que abrirse de nuevo al patio para el público.

El desarrollo del patio se completa con el nuevo edificio administrativo, que se adosa a la antigua construcción a lo largo del muro cortafuegos, acogiendo el espacio más importante de las oficinas.

En la fachada principal, la villa se revela en su esencia original, con su disposición a la manera de palazzo renacentista italiano, mientras que el resto de fachadas ofrecen la imagen de un edificio nuevo, sin restos del pasado. Se ha añadido una planta nueva a la antigua construcción, rematada ahora por una cubierta sobreelevada, que une en altura los dos edificios. Esta cubierta, al enmarcarla, acentúa el significado histórico de la casa y crea una transición en las proporciones del nuevo anexo y de los viejos edificios del patio.

Dos ejes verdes recorren el diseño. La idea básica de estos ejes ha sido conducir las corrientes de aire por el edificio. A través de partes abiertas de la fachada entra aire fresco en el hall y a lo largo del muro cortafuegos en dirección ascendente hacia la cubierta.

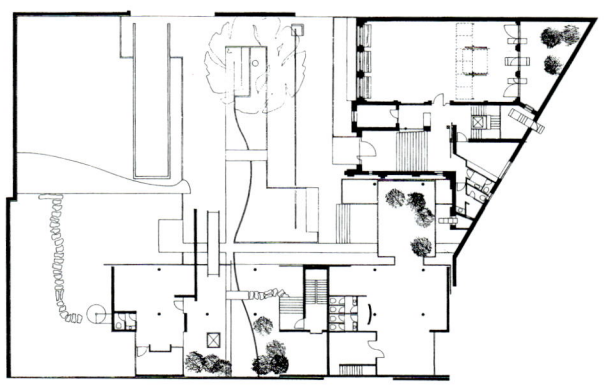

Ground floor plan
Planta baja

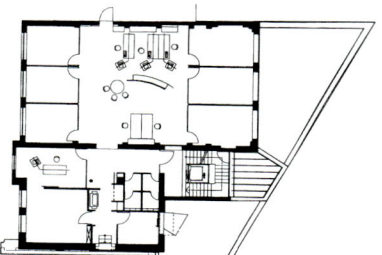

First floor plan
Primera planta

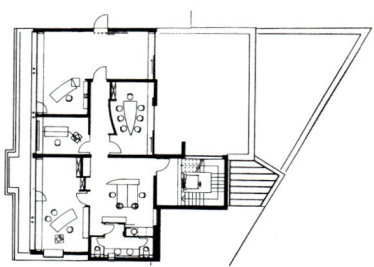

Upper level floor plan
Planta nivel superior

The roof with its ample overhang both protects the top storey and helps to emphasize the historical importance of the ancient building.

Una cubierta con un generoso voladizo protege la última planta y a su vez ayuda a resaltar la importancia histórica del antiguo edificio.

On this page, views of the entrance hall of the administration building. Its wide, generous openings allow air into the interior.

En la página actual imágenes del vestíbulo de entrada al edificio administrativo. Sus amplias y generosas aberturas permiten que el aire fluya por su interior.

The architects have taken great care with the minutest details of the interior of the administration building, making it both functional and formally rich.

En el interior del edificio administrativo los arquitectos han cuidado todos y cada uno de los detalles aportando funcionalidad y la riqueza formal al mismo.

The extreme simplicity of the forms and materials used in the interior of the building facilitates the interpretation and understanding of the project and at the same time emphasizes the constant presence of the original building.

La extremada simplicidad de las formas y materiales utilizados en el interior del edificio, facilita la lectura y comprensión del proyecto y, a su vez, resalta la constante presencia del edificio original.

Francesco VENEZIA

House in Posillipo (Napoli, Italy) 1993

The Neapolitan architect's subtle approach, based entirely on the topographical and cultural interpretation of the site, is expressed in this small but very detailed project. A cautious but decisive touch lends impact to a domestic interior where functions are concealed behind forms.

The house stands on Posillipo's white cliff, occupying a level terrace along a stairway linked to the seaside's roadway half way up the coast. Beneath the house is an excavated grotto, just above the water level's surface, one of the many in Posillipo which were once, and are still used to shelter small boats. Grottoes, having a trapezoidal opening, permit the eye a circumscribed view onto the gulf's aperture, as well as a portion of the distant city.

The house existed already and only interior alterations were made. A wooden shell shapes the cavity forming the entrance area-living room space, onto which the minute entrance opens together with the kitchen and bedroom. The wooden walls of the ground floor accommodates a wardrobe and cupboards. The windows as well as the door onto the small balcony on the side facing the sea have deep jambs. The bathroom is at the opposite side of the entrance, excavated in tufa stone, just a little above the cavity space below. Set in relief within the wall abutting the rock is a recessed fossil of a palm tree.

El enfoque sutil del arquitecto napolitano, basado enteramente en la interpretación topográfica y cultural del lugar, se expresa en este proyecto pequeño y minucioso. Una intervención cautelosa pero decisiva se concentra en el interior doméstico, donde las funciones se esconden detrás de las formas.

La vivienda está situada en el acantilado blanco de toba de Posillipo, ocupando una terraza llana a lo largo de una escalera que une la carretera a la costa. Bajo la casa existe una gruta excavada, justo por encima del nivel del agua, una de las muchas que se utilizaban –y se siguen utilizando– en Posillipo para atracar pequeñas barcas. La apertura trapezoidal de las grutas permite una vista circunscrita hacia la abertura del golfo, así como hacia una parte de la lejana ciudad.

La construcción ya existía, sólo se han realizado alteraciones en el interior. Un caparazón de madera forma la cavidad de la entrada y el salón, hacia el cual la minúscula entrada se abre junto con la cocina y el dormitorio. Los muros de madera de la planta baja alojan un guardarropa y los armarios de la casa. Las ventanas, así como la puerta hacia el pequeño balcón en el lado que da al mar, tienen gruesas carpinterías.

El aseo está situado en el lado opuesto de la entrada, parcialmente excavado en la piedra de toba, ligeramente por encima de la cavidad. Expuesto en relieve dentro de la pared que linda con la roca existe un fósil retranqueado de una palmera itálica.

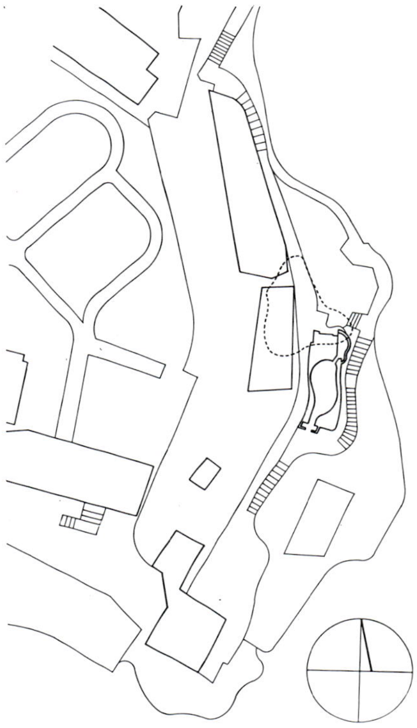

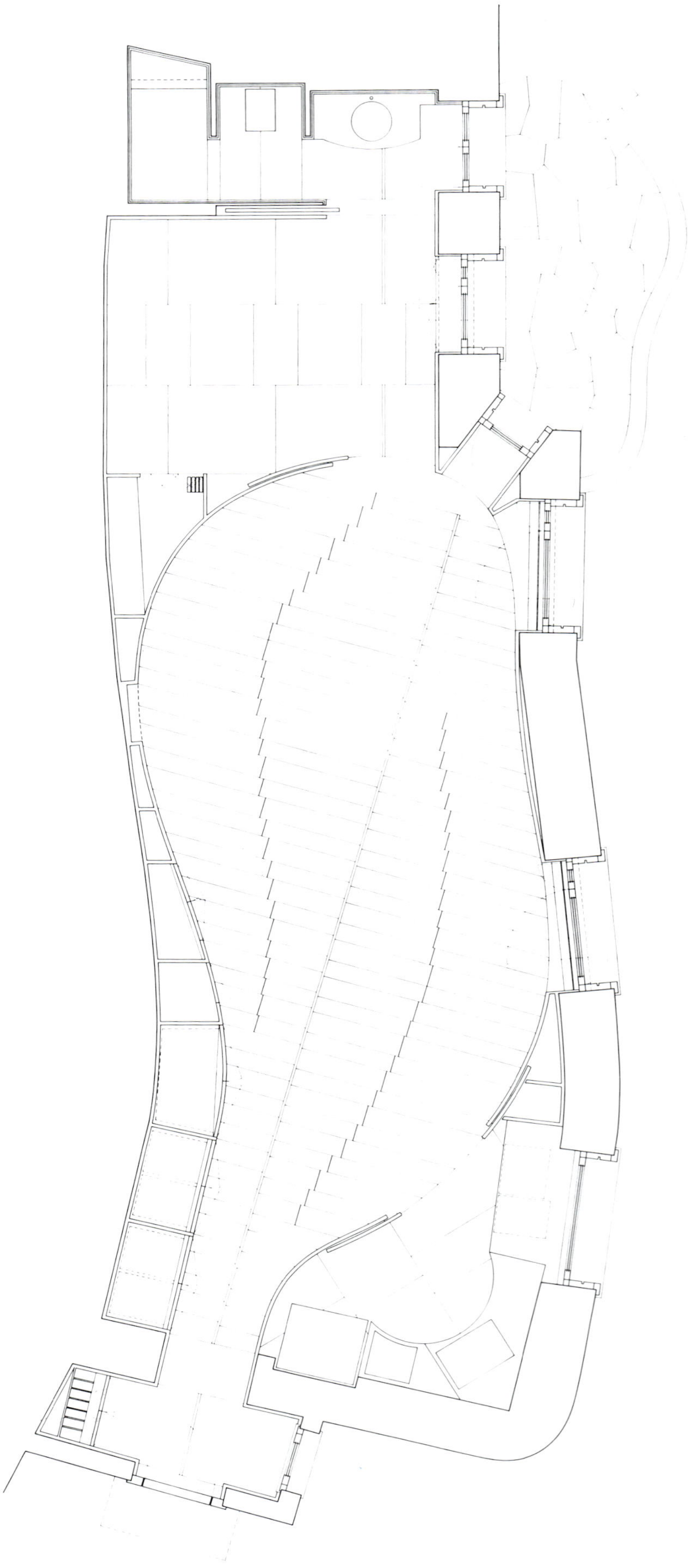

Ground floor plan / *Planta baja*

Cross section / *Sección transversal*

Sketch / *Boceto*

The photographs on this double page show the small entrance hall seen from the zone housing the living area, the main room of the dwelling.

Las imágenes de esta doble página muestran el pequeño vestíbulo de entrada visto desde la zona que alberga la sala de estar, principal estancia de la vivienda.

The walls of the large living area are totally lined with wood. The continuity of the walls is only interrupted to give access to the kitchen and bedroom.

Las paredes de la amplia sala de estar han sido totalmente revestidas de madera. La continuidad de sus muros únicamente se interrumpe para dar acceso a la cocina y al dormitorio.

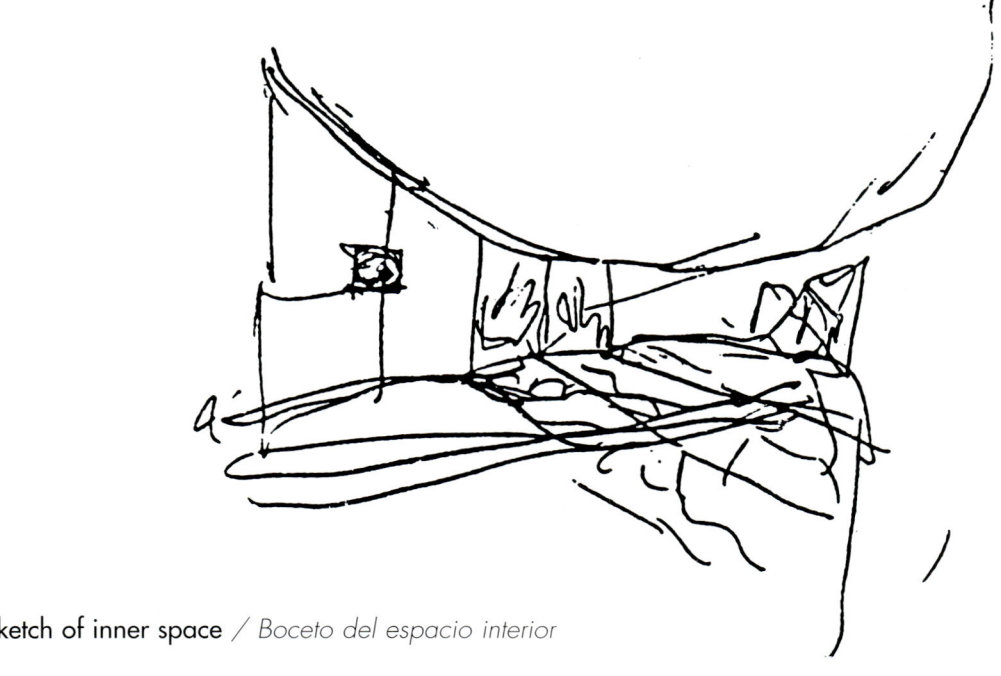

Sketch of inner space / *Boceto del espacio interior*

SUDAU, STORCH & EHLERS

Alte Nikolaischule (Leipzig, Germany) 1994

In 1990, the Alte Nikolaischule was standing derelict and unused. Nothing remained of the glory of Germany's oldest bourgeois school, which had been founded in 1512.

Some years ago its rehabilitation and future status as cultural attraction was decided upon, with a programme of demanding proportions. On the ground floor, a cafe was to serve as a cultural meeting point; a collection of university equipment was to be displayed in the cellar, while an antique art collection was to be located on the first floor. Above this, a storey was to be provided with lecture and study rooms, in which the principal role was to be assumed by the great hall, whose basic features had been preserved. The uppermost storey was destined for the Saxony Academy of Sciences.

The architects decided to embrace old and new, to rebuild between the contrasting aspects and to generate visual tension, which would fuse the contrasts together and create an identity of its own.

The renovation concept was aimed at reconstructing the external appearance and the historical interior. One after another, historically significant features emerged. The large room on the ground floor of the central house was revealed to be the school auditorium. Above the entrance hall, a beautifully painted wooden ceiling dating from the Renaissance was discovered. And on the upper floors coloured plaster panels appeared. However, too many changes had been made to the building which made a faithfull restoration difficult.

In their design for an access zone to the rear of the building, the architects applied a completely new architectural syntax, creating a light, glass-roofed atrium. The upper level exhibition rooms and the attic offices are reached via two stairways and a lift set in an imaginatively designed space.

En 1990, el edificio Alte Nikolai se encontraba totalmente abandonado y en desuso. Nada quedaba en pie de la gloria de la antigua escuela burguesa alemana, fundada en 1512.

Se decidió, hace unos años, su rehabilitación y su transformación en centro de atracción cultural, con un programa de actividades exigente. En planta baja se preveía construir un café como punto de encuentro de tertulias culturales; en el sótano, equipamientos de la universidad, mientras que la primera planta albergaría la antigua colección de arte. Sobre ésta, toda una planta se equiparía para albergar salas de estudio y de conferencias. El nivel superior se destinaría a la Academia de Ciencias de Sajonia.

Los arquitectos decidieron abrazar lo antiguo y lo nuevo, reconstruir con elementos en contraste, generar cierta tensión visual que fundiera los contrarios, creando un signo de identidad para la ciudad.

De este modo, el proyecto ha buscado reconstruir la apariencia exterior y el interior histórico. Uno tras otro, todos los detalles antiguos fueron saliendo a la luz. La gran sala de la planta baja en el edificio central se reveló como el auditorio de la escuela; sobre el techo de madera del hall de entrada se encontró una bella pintura renacentista y en los niveles superiores fueron hallados paneles de yeso coloreados. Sin embargo, el edificio había sufrido numerosos cambios con los años, que dificultaron una reconstrucción fiel de todos los detalles.

En el diseño de la zona de acceso desde la fachada posterior, los arquitectos aplicaron un concepto nuevo, de sintaxis arquitectónica, con un atrio acristalado y luminoso. Al nivel superior de salas de exposición y las oficinas del ático se accede a través de dos cajas de escalera y un ascensor que llegan hasta un imaginativo espacio.

Site plan /*Plano de emplazamiento*

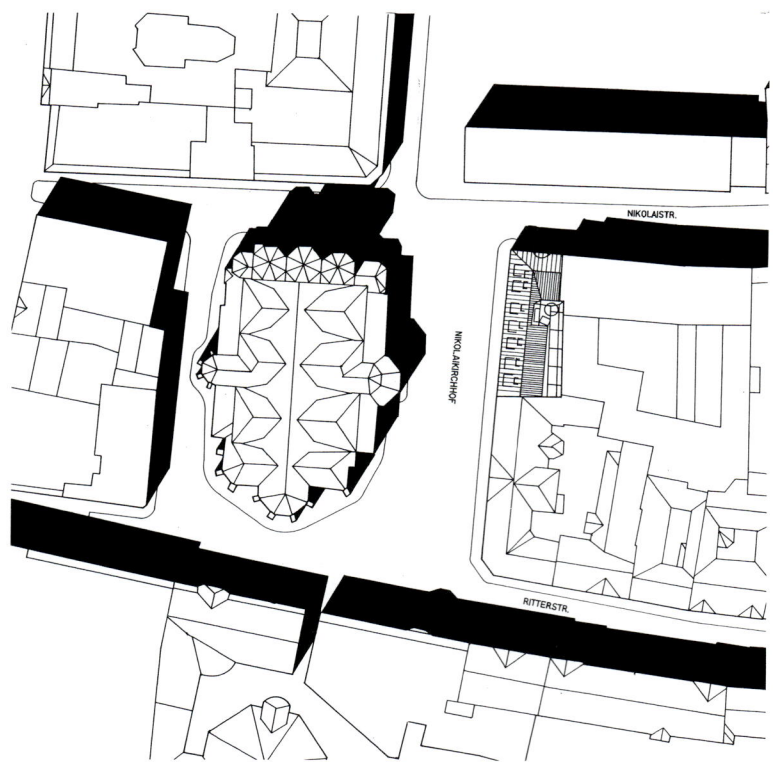

In the rehabilitation of the old school the architects sought to maintain the external appearance and the historical parts of the interior of the building.

El espíritu con que los arquitectos se han enfrentado a la rehabilitación de la antigua escuela busca mantener la apariencia exterior y las partes históricas del interior del edificio.

Upper floor plan / *Planta nivel superior*   0 0,5 1   2

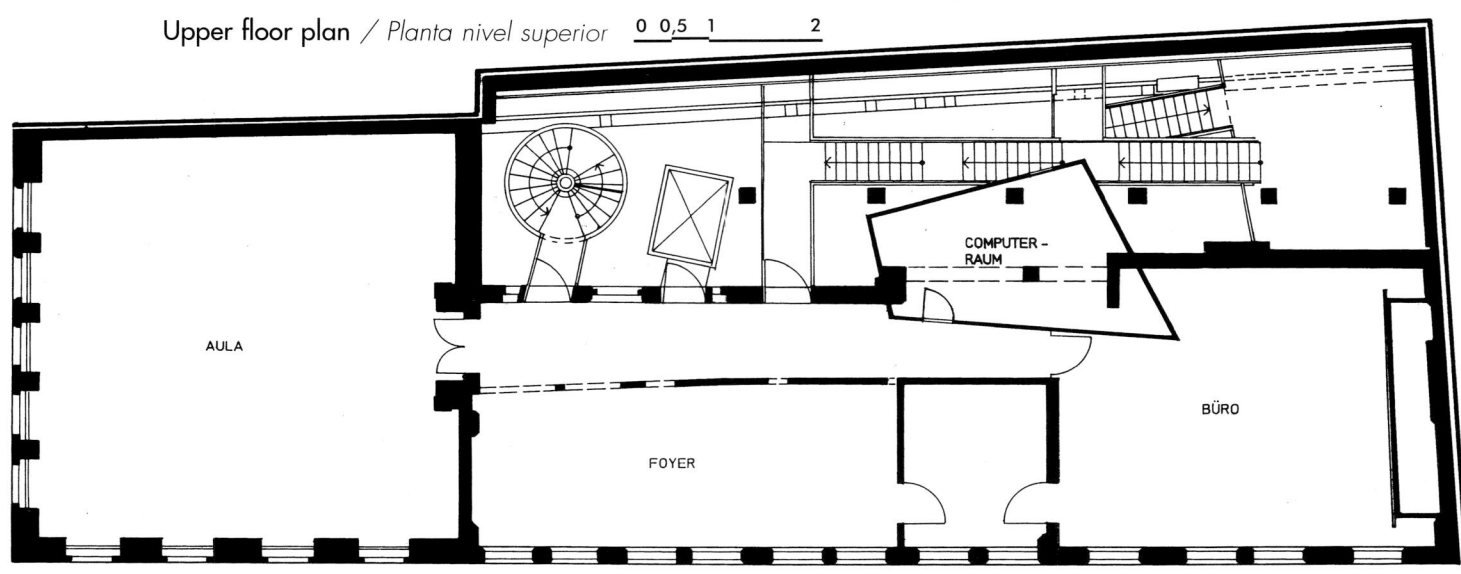

AULA

COMPUTER-
RAUM

BÜRO

FOYER

Ground floor plan / *Planta baja*

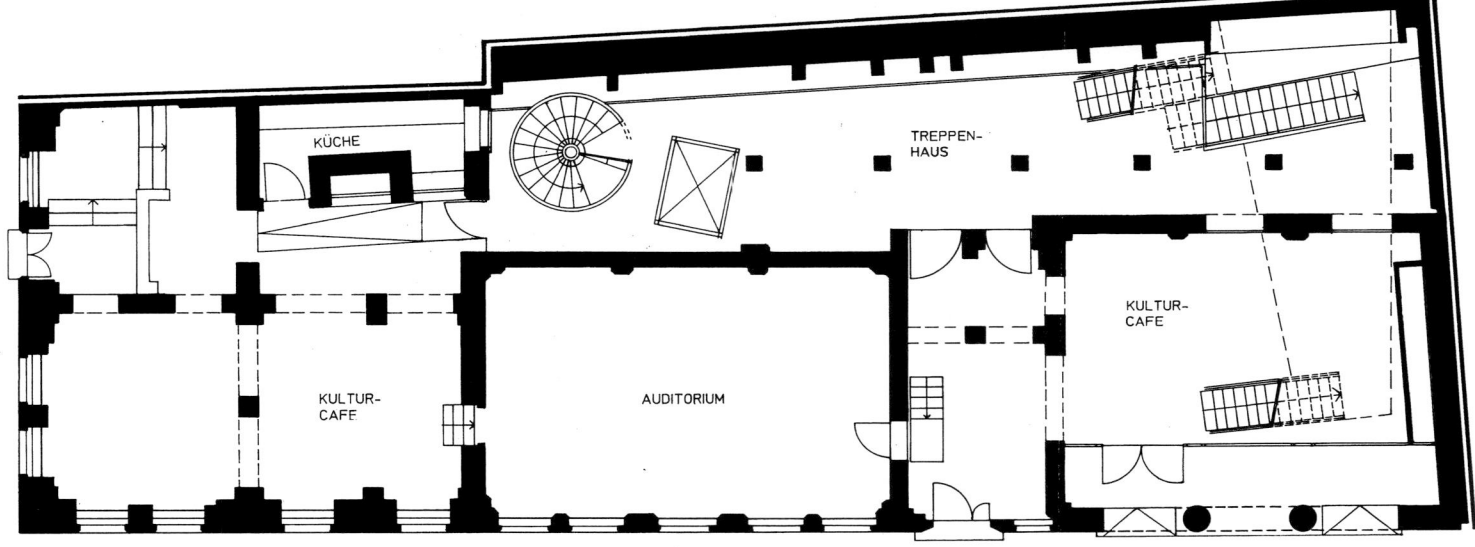

KÜCHE

TREPPEN-
HAUS

KULTUR-
CAFE

KULTUR-
CAFE

AUDITORIUM

Basement level / *Planta sótano*

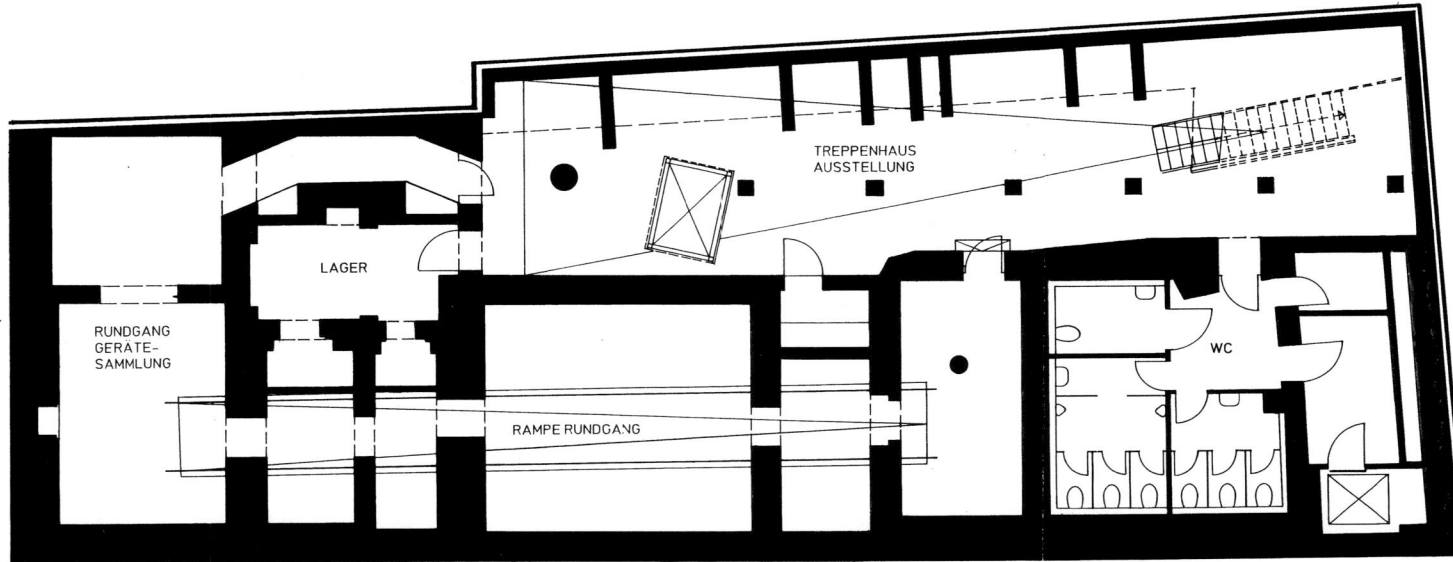

RUNDGANG
GERÄTE-
SAMMLUNG

LAGER

TREPPENHAUS
AUSSTELLUNG

WC

RAMPE RUNDGANG

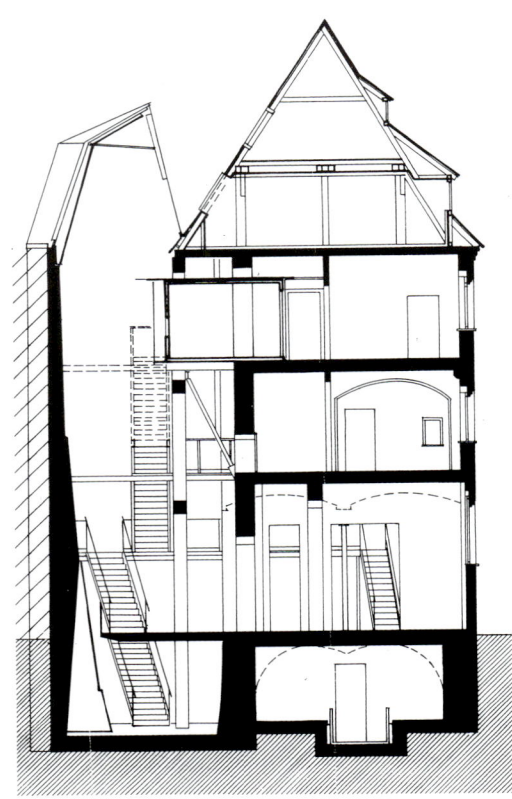

Cross section / *Sección transversal*

The rear of the building is organized spatially around a large atrium illuminated from the top by a glass roof.

La parte posterior del edificio se organiza espacialmente alrededor de un gran atrio iluminado cenitalmente por una claraboya.

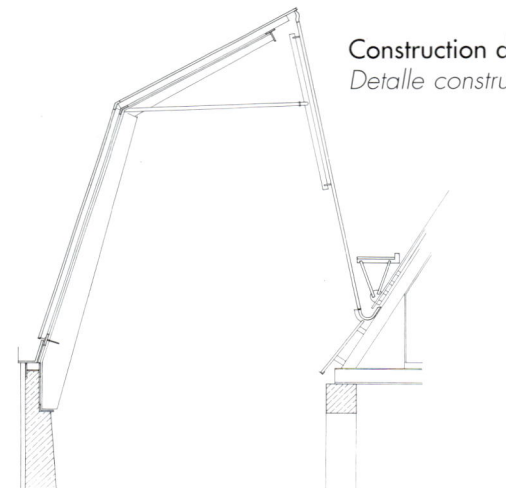

Construction detail of the roof
Detalle constructivo de la cubierta

0 0,5 1   2

The access zones are a good example of how the design of the school creates a close relationship between old and new.

Las zonas de acceso son un buen ejemplo de cómo en el diseño de la escuela se crea una estrecha relación entre lo existente y lo nuevo.

Longitudinal section / *Sección longitudinal*

The two stairways located in the atrium and illuminated by the large glass opening act as a link between the different parts of the building.

Los dos núcleos de escalera situados en el atrio, e iluminados por la gran abertura de cristal, actúan como nexo de unión entre las distintas partes del edificio.

In designing a new access zone, located at the rear of the building, the architects used a thoroughly new architectural language.

A la hora de diseñar una nueva zona de acceso, situada en la parte trasera del edificio, los arquitectos han utilizado un lenguaje arquitectónico completamente renovado.

As can be seen in the top photograph, most of the classrooms look onto the square located right opposite the old school.

Tal como se aprecia en la fotografía superior, la mayor parte de las aulas miran hacia la plaza situada justo enfrente de la antigua escuela.

Josef Paul KLEIHUES

Museum für Gegenwart im Hamburger Bahnhof (Berlin, Germany) 1996

The Hamburger Bahnhof, built in 1845-47, is a combination of late Neo-Classical masonry and the iron skeleton of the platform hall, product of industrial esthetics. It was closed in 1884 and converted into a transport and engineering museum in 1904-06. It was severely damaged in the Second World War and subsequently fell into disuse. Finally, some years ago, it was decided to restore the buildings as a museum of contemporary art.

An attempt was made by extending the former station and adding additional buildings to establish a dialogue with the old building. The buildings lining the Historical Hall (formerly the Platform Hall) were replaced by two elongated barrel-vaulted galleries, united by the restored Central Hall with its iron and steel structure finished in grey metallic paint. The remainder of the masonry was reformatted internally with a rationalised structural pattern of beams and columns. Externally, the existing ashlar masonry was finished in cream paint, which unifies the various parts. The Historical Hall received minimum interference, and reveals the order and rational geometry of the original structures. The two new gallery spaces have a steel-framed buttress structure infilled with cast aluminium panels or glass, contained within a limestone plinth and gables, and capped with a continuous glass roof over a barrel-vaulted ceiling.

The interiors of the galleries are very simple, with seamless floors laid with oak planks and white walls. Artificial lighting is either linear and contained within the ceiling structure zone, or in a universal gridded glass soffit.

The Historical Hall with the original railway roof structure, which can house huge exhibits, has variable top and side-lighting.

La estación de ferrocarril Hamburger, construida en 1845-47, es una combinación de un tardío neoclasicismo en el conjunto del edificio y una estructura de hierro, de estética industrial, en la sala de andenes. La estación cerró sus puertas al público en 1884 y se convirtió en Museo del Transporte e Ingeniería entre los años 1904 a 1906. Resultó severamente dañada durante la Segunda Guerra Mundial, y desde entonces quedó en desuso. Finalmente, se decidió hace unos años su restauración como Museo de Arte Contemporáneo.

Uno de los objetivos del proyecto ha sido la ampliación de la antigua estación mediante el añadido de nuevos volúmenes, que establecerían un enérgico diálogo con el majestuoso edificio. Las piezas adosadas al Vestíbulo Histórico (antiguamente la plataforma de andenes), han sido sustituidas por dos largas galerías abovedadas, que se unen al restaurado hall central a través de su estructura de hierro y acero, acabada ahora con pintura metálica gris. Los muros existentes han sido restaurados en el interior mediante un sistema de vigas y columnas. Exteriormente, estos muros de sillería han sido pintados de color crema, lo que unifica las diversas partes del conjunto. El Vestíbulo Histórico recibe las mínimas interferencias, y revela el orden y la geometría racional de las estructuras originales.

Las dos nuevas galerías tienen una estructura de acero cubierta con paneles de aluminio fundido o cristal y coronada por una bóveda de cañón corrida de vidrio. El interior de estas galerías es muy sencillo, con suelos de tarima y paredes blancas. La iluminación artificial proviene, por un lado, de puntos de luz ocultos en las molduras del techo y, por otro, de un sistema de rejilla tradicional.

El Vestíbulo histórico, con la cubierta original de hierro, puede alojar exposiciones de grandes dimensiones, y también dispone de iluminación cenital y lateral.

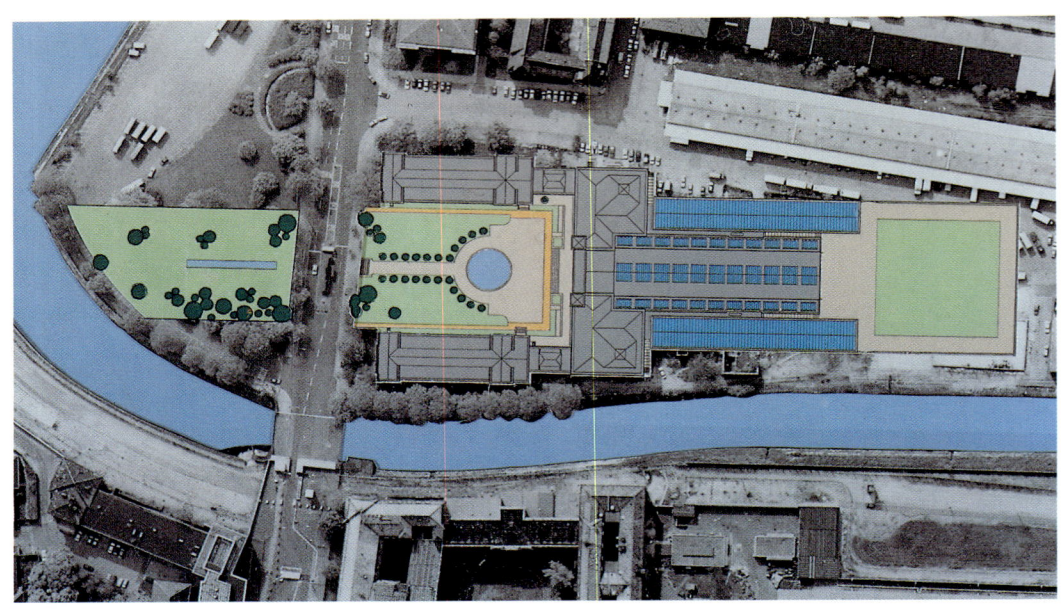

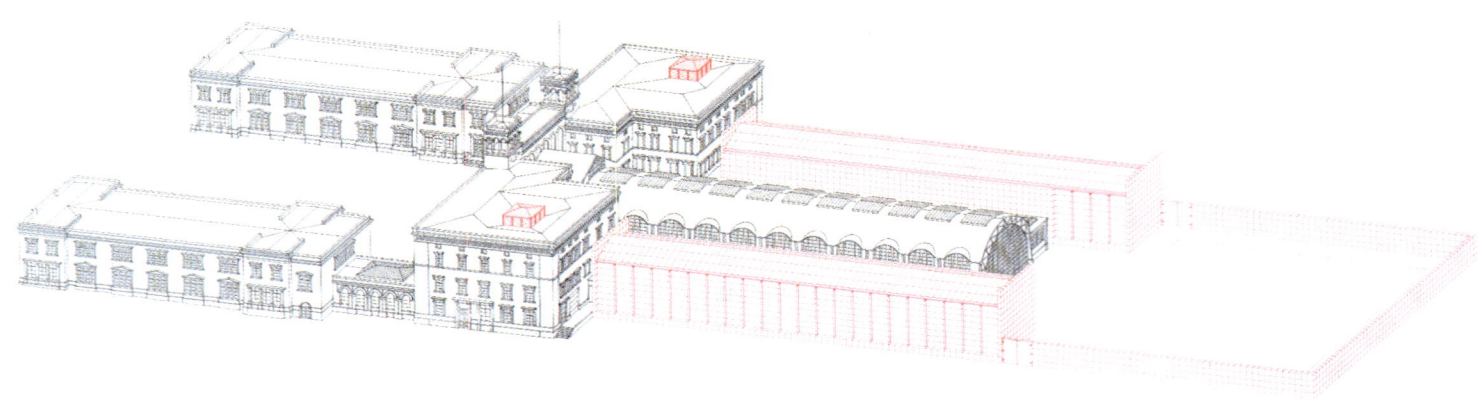

Axonometric projection / *Axonometría*

Through the conversion of the old station into a contemporary art museum and the addition of two new galleries, the project establishes a fluid dialogue between tradition and modernity.

Mediante la adición de dos naves a la antigua estación, y su conversión en un museo de arte contemporáneo, el proyecto establece un fluido diálogo entre tradición y modernidad.

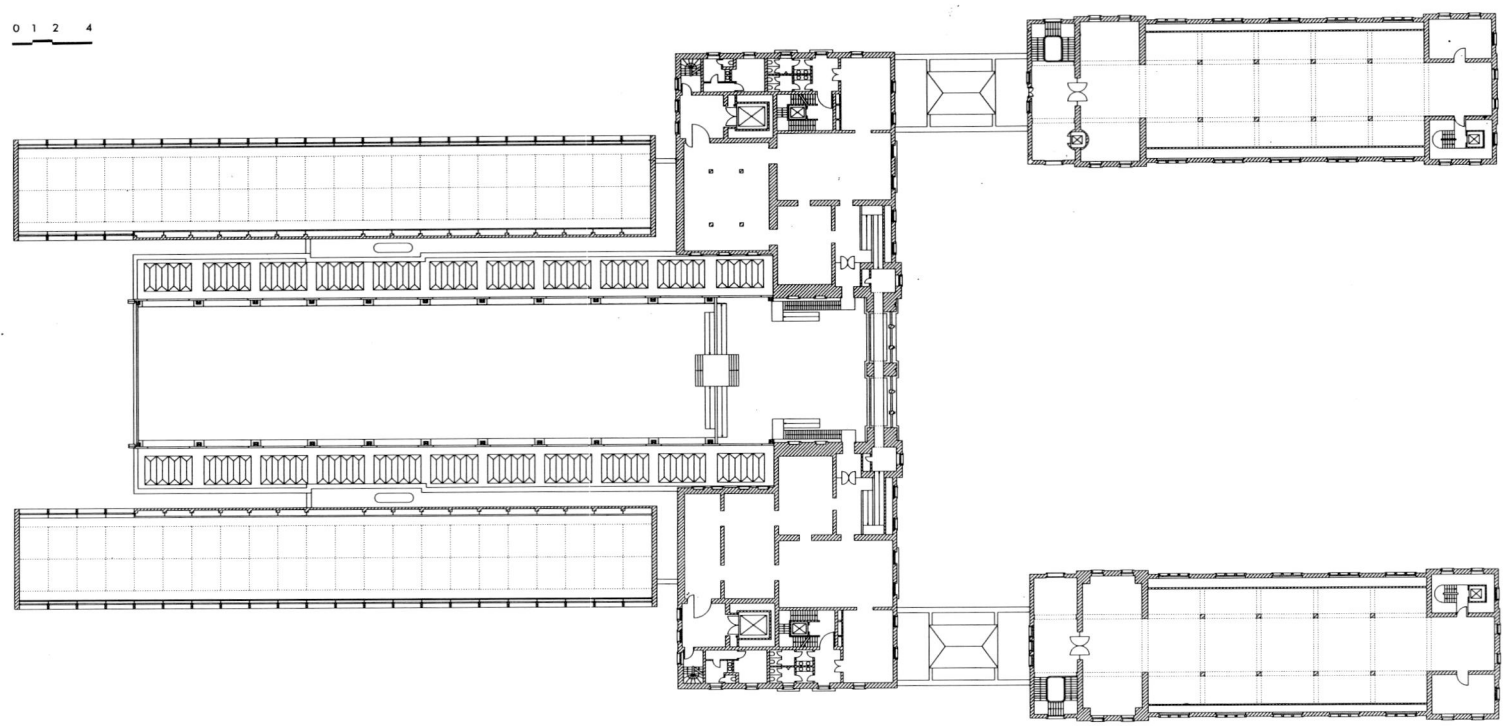

Upper floor plan / *Planta nivel superior*

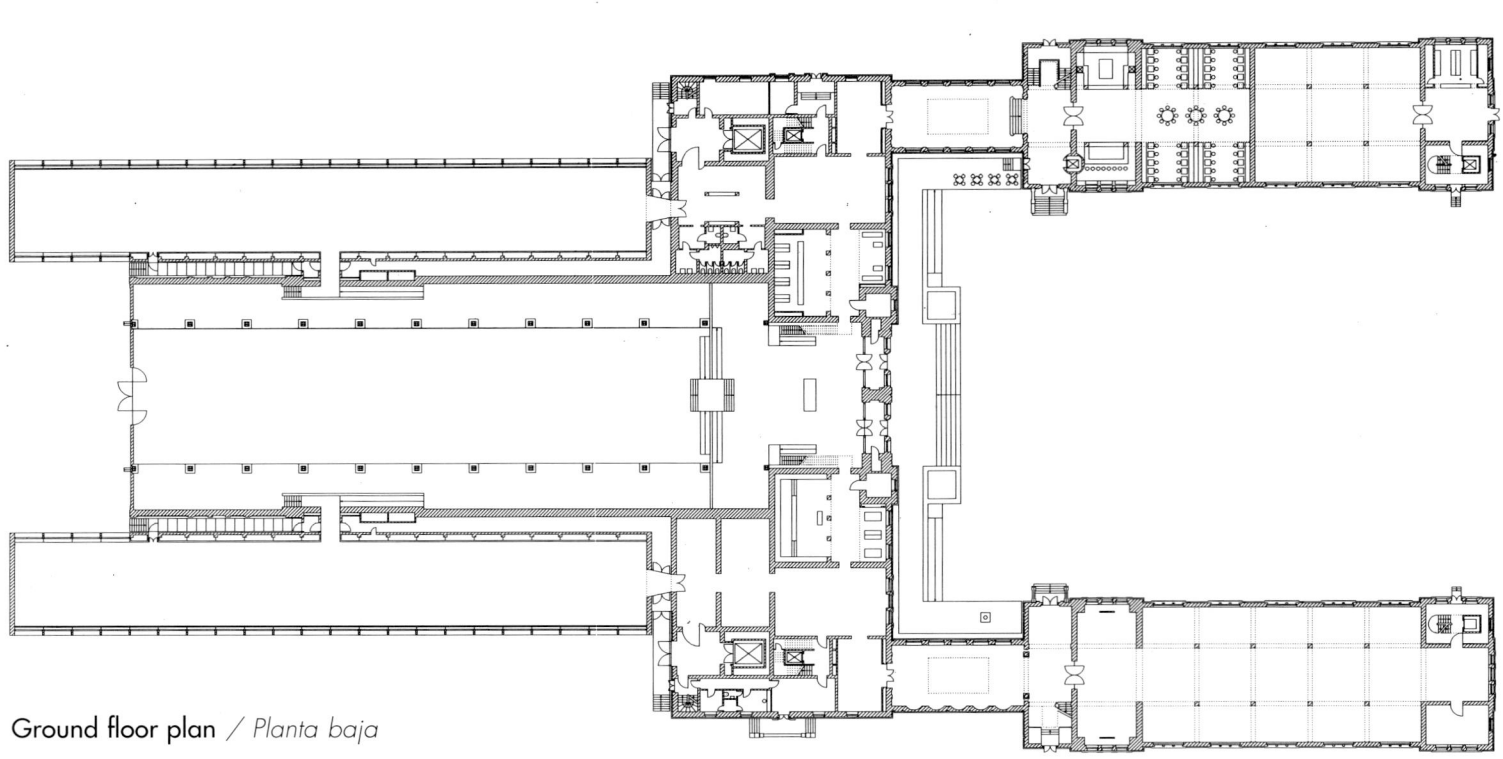

Ground floor plan / *Planta baja*

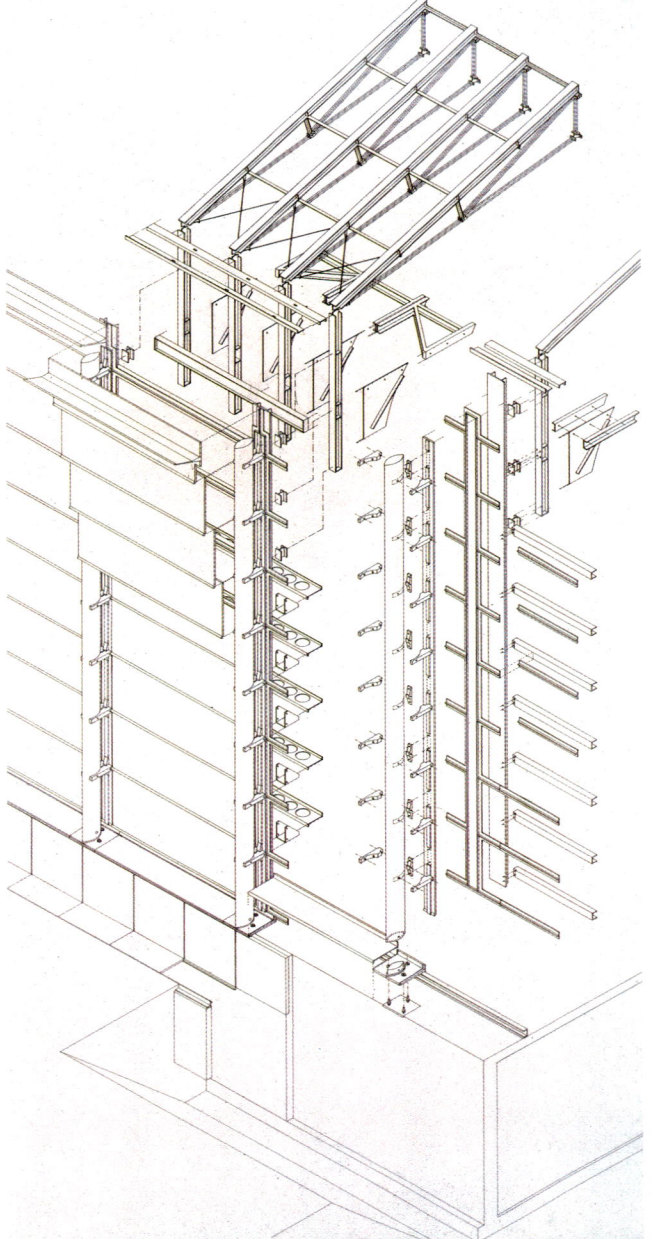

The two new galleries were built with a steel structure clad with cast aluminium panels or glass, according to the functional needs.

Las dos nuevas naves destinadas a albergar la galería se han construido con una estructura de acero revestido con paneles de aluminio fundido o cristal, según las necesidades funcionales.

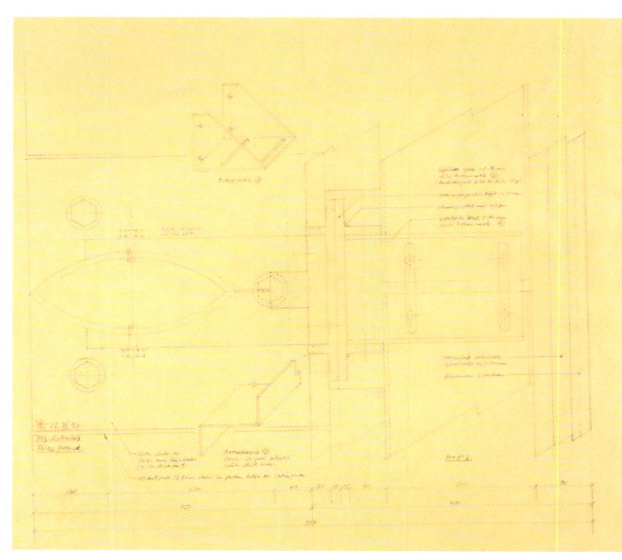

The galleries were covered with a continuous glass roof over a barrel-vaulted ceiling.

El interior de las naves de exposición ha sido cubierto con un techo continuo de cristal en forma de bóveda de cañón.

Gunter DOMENIG

Landesusstellung Kärnten (Hüttenberg, Austria) 1995

On the remains of an old steelworks that had been abandoned at the beginning of the century, the Austrian architect Gunter Domenig has made a reinterpretation of the large architecture of the factory, melted with new forms, in order to create a modern conference and exhibition centre.

The new work persistently uses steel, the material that used to be produced here, to reveal aspects of process, buildings and culture.

The accommodation schedule included a large lecture hall and about 10 smaller meeting rooms as well as exhibition space. Despite cuts made to the original design for reasons of budget, Domenig's most important measures are largely visible: The new multipurpose hall somehow seems to float over the street, an organic, windowless volume under a metal skin. Over it, also floating: a sinisterly long, horizontal steel and glass construction - the built, architectural association with a gallery that runs through the whole plant like a high speed train and ends stunted and incomplete. As if it were to be continued at some time in the future. It ties the different buildings together.

The glazed part of the gallery was initially considerably longer. However, it is still very impressive to go along it and view the old walls from this new perspective, or to look down from one of the two small balconies into the machine house.

Domenig has closed the openings of the ruin very simply, with single glazing; and he did not replace the missing gable roof but covered it with a flat roof that leaves the gables standing free. Of the glass roof of the initial project, only two narrow skylights remain. Although this compromised the beautiful illumination intended by the architect, it does not affect the substance.

Sobre los restos de una antigua fábrica de acero, abandonada desde comienzos de siglo, el arquitecto austriaco Gunter Domenig ha realizado una reinterpretación de la masiva arquitectura de la factoría, a la que hace dialogar con nuevas formas, con objeto de dar cabida a un moderno centro de congresos y exposiciones.

En la nueva obra, el acero, el material que solía ser producido en la fábrica, se utiliza insistentemente para recrear aspectos del proceso, de su construcción y de la cultura del lugar.

Además del espacio expositivo, el programa incluía una gran sala de lectura y cerca de diez pequeñas salas de reunión, además del espacio expositivo. Pese a algunos recortes hechos al proyecto original por razones de presupuesto, las medidas más importantes tomadas por Domenig son claramente visibles: el nuevo vestíbulo multifuncional, que parece flotar en el exterior, encerrado en un alargado volumen sin ventanas y cubierto por una piel de metal. Sobre él, también suspendida, una larguísima construcción horizontal, de acero y cristal, con una galería que recorre toda la planta como un tren de alta velocidad y finaliza en un remate achaparrado e incompleto, como si fuese a ser terminado en algún momento en el futuro. Este elemento funciona como eje de unión, maclando los diversos edificios del conjunto.

La parte vidriada de la galería fue inicialmente planteada con más extensión. Sin embargo, es todavía muy impresionante recorrerla en toda su longitud y ver los viejos muros desde esta nueva perspectiva, o mirar hacia abajo desde uno de los dos pequeños balcones dentro de la sala de máquinas.

Domenig ha cerrado las aberturas de las ruinas con un simple vidrio; y no ha reemplazado la antigua cubierta a dos aguas de uno de los volúmenes, sino que ha colocado una cubierta plana que deja los dos hastiales de ambas fachadas como testimonio de la antigua cubrición. De la cubierta de cristal de la propuesta inicial sólo permanecen dos estrechas claraboyas. Aunque esto compromete la iluminación pretendida por el arquitecto, no afecta sustancialmente a la forma.

The construction is articulated by a bridge suspended above the old factory and by a large, totally closed orthogonal metal volume that houses the conference room.

La construcción se articula a partir de un puente suspendido por encima de la antigua fábrica, y de un gran volumen ortogonal metálico, totalmente cerrado, en el que se encuentra situada la sala de conferencias.

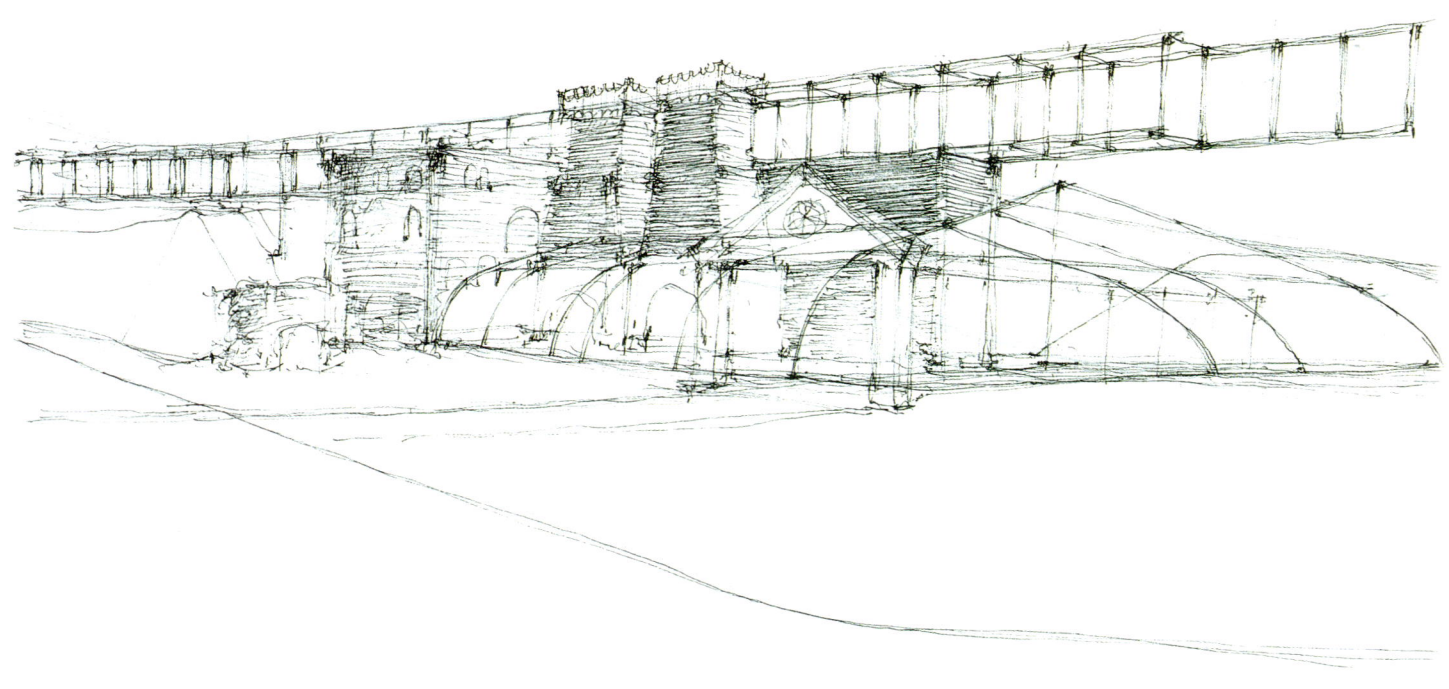

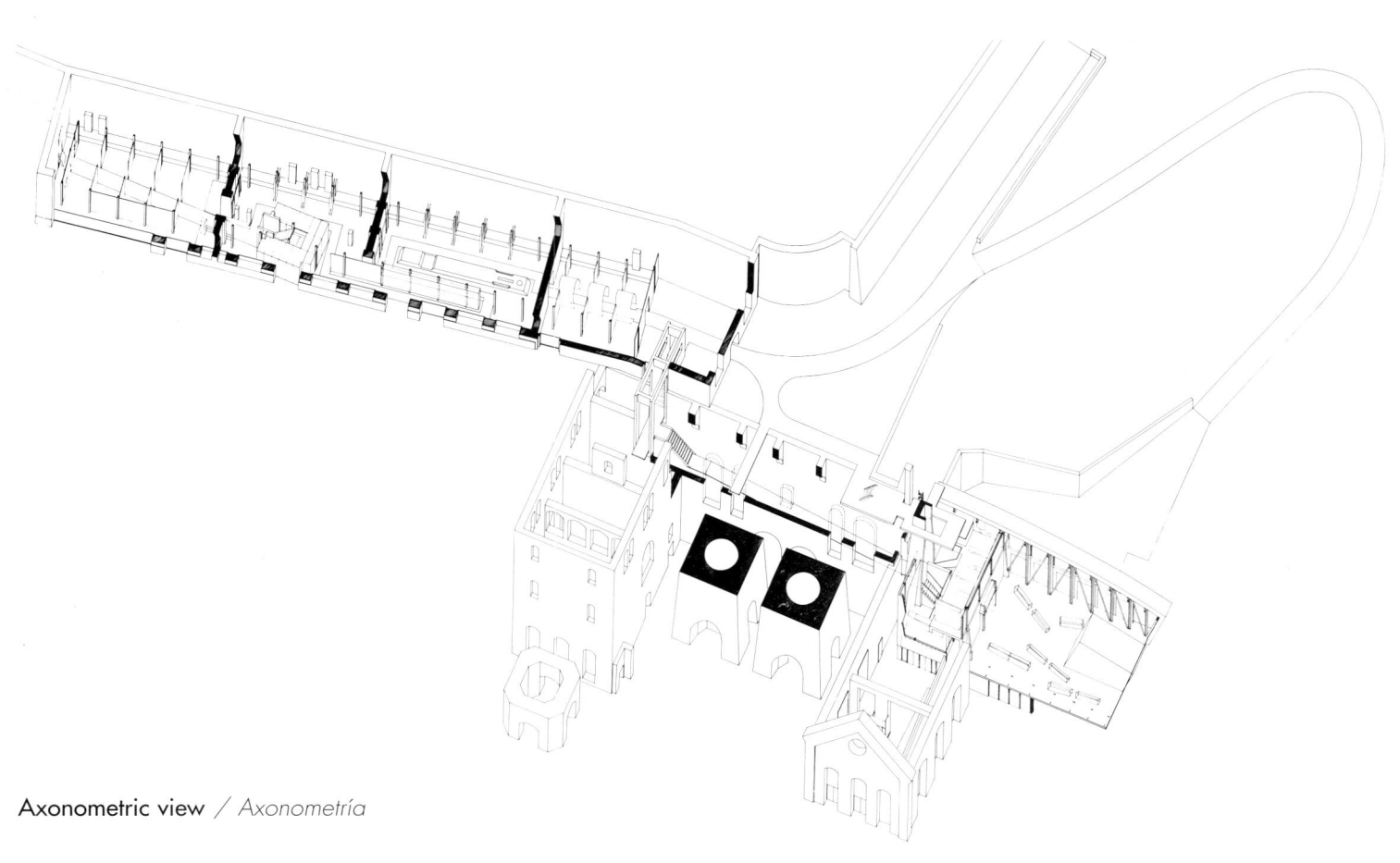

Axonometric view / *Axonometría*

Ground floor plan / *Planta baja*

First floor plan / *Primera planta*

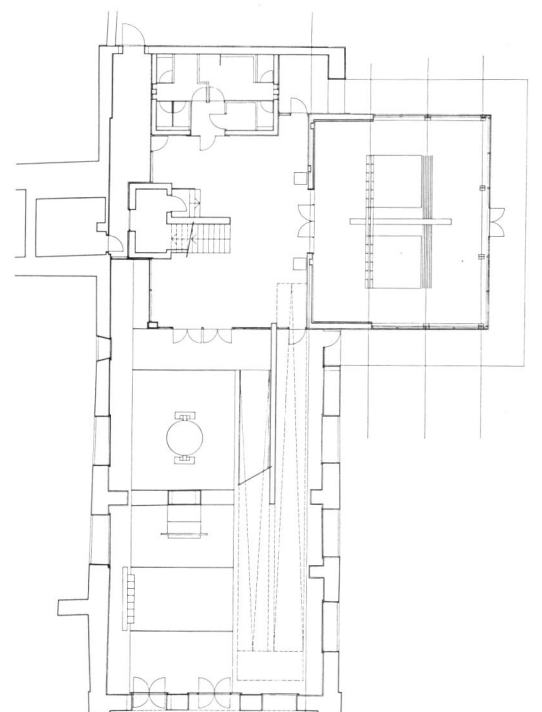

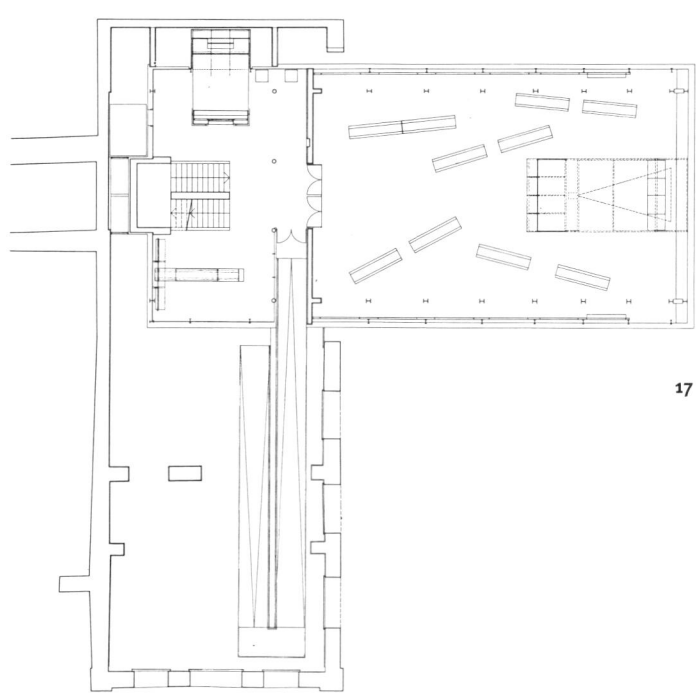

17

The conference room, with its unitary, hermetic appearance, contrasts with the total transparency and fragmentation of the long suspended bridge.

La sala de conferencias, con su aspecto unitario y hermético, contrasta con la total transparencia y la fragmentación del largo puente suspendido.

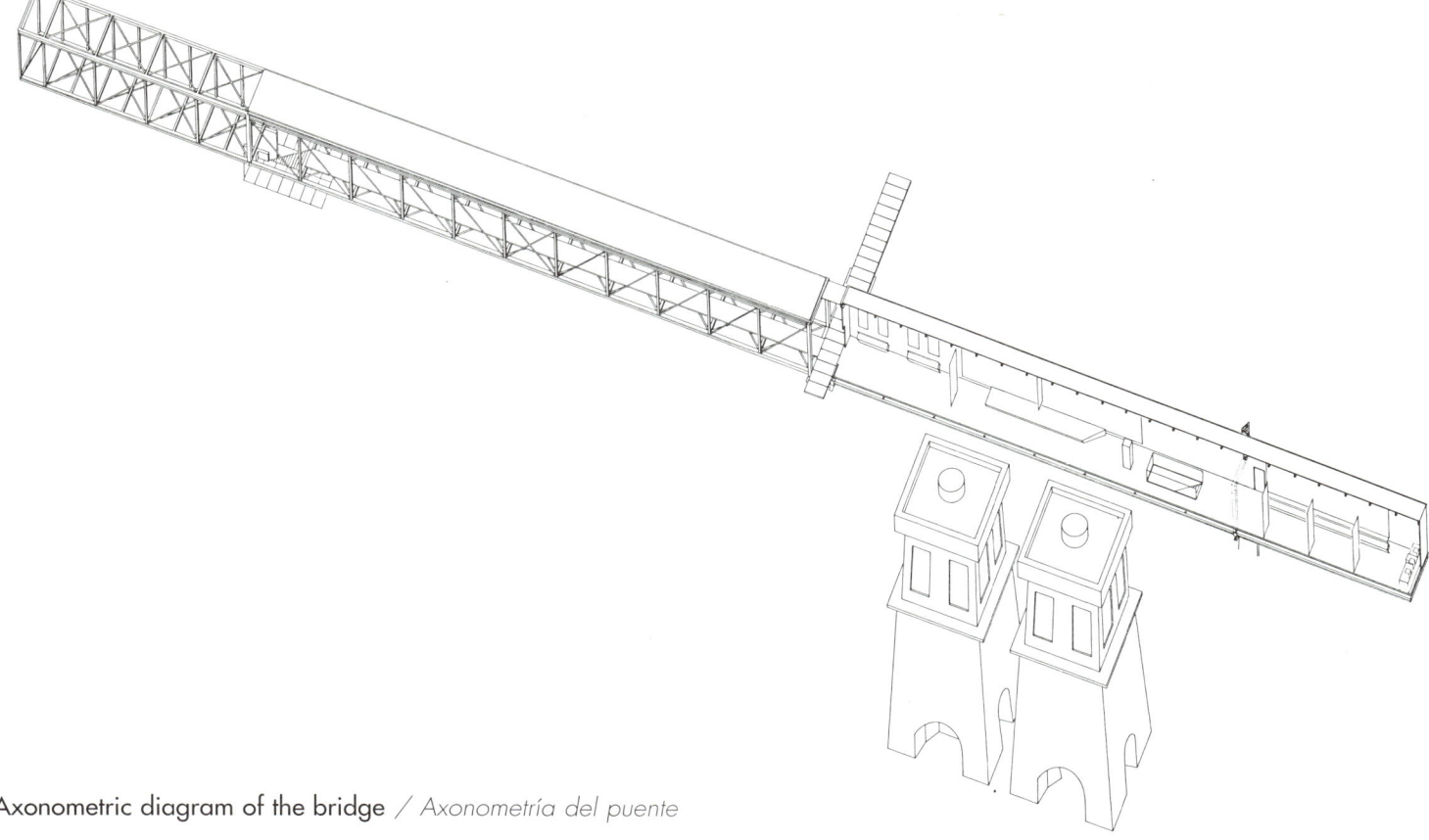

Axonometric diagram of the bridge / *Axonometría del puente*

The new intervention contrasts with the old fort in an energetic dialogue between the industrial aesthetics of the new addition and the sober volumetrics of the existing building. From the bridge, the visitor has a striking view of the archaeological remains of the factory.

La nueva intervención contrasta con la antigua fortaleza, en un enérgico diálogo entre la estética industrial de la nueva adición y la sobria volumetría de la construcción existente. Desde el puente, el visitante tiene una perspectiva inédita de los restos arqueológicos de la fábrica.

First floor plan / *Primera planta*

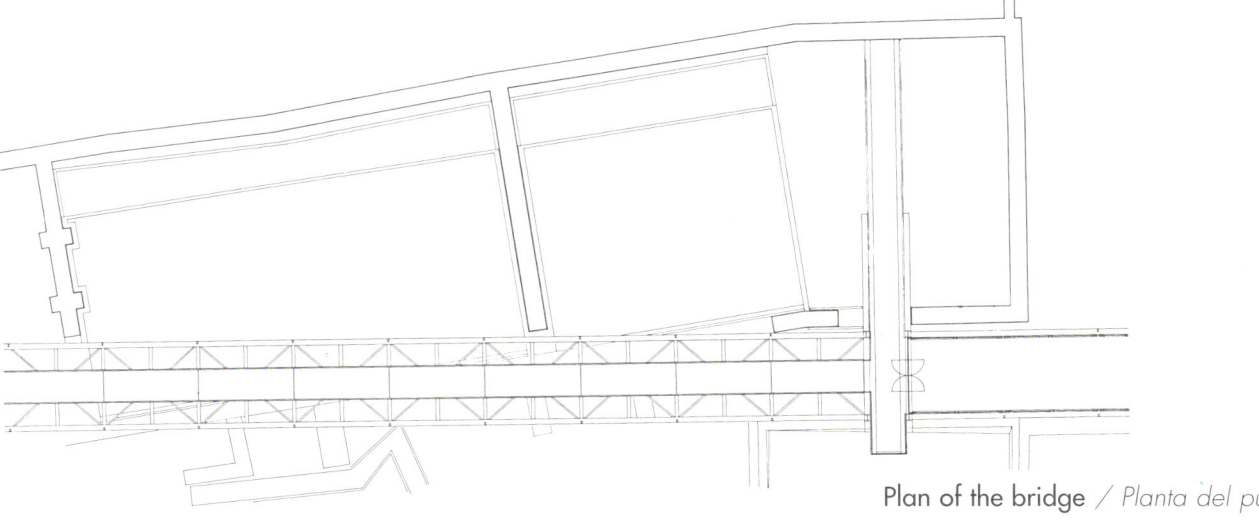

Plan of the bridge / *Planta del puente*

Adolf KRISCHANITZ

Kunsthalle Krems (Krems, Austria) 1995

The new art gallery occupies a side and the interior of an abandoned tobacco factory. On the ground floor, roughly rendered and steeply sloping columns beneath short-span vaults constrained the space. Above this, two rows of columns, some of wood, some of cast iron, create three aisles through two production shops.

Krischanitz's scheme treated the structure of the existing building with great care. The new concrete stele in front of the entrance is the only visible indication that anything has changed inside the building. The yellow of the walls and the brown of the windows relate to the world of tobacco. The careful juxtaposition of old and new is also seen in the fact that the drainpipes of the all new parts of the building are under the eaves of the old building.

Krischanitz places a large up-ended cuboid in the courtyard, a new stone element which creates a space through its relationship to the old building. It has a mezzanine with an exhibition hall that has perfect environmental control and is lit from the sides by high-level windows which can be blacked out. Under this is a stepped lecture theatre. A two-storey service corridor on one side and a set of ramps on the other provide connections to the old building. Together they surround the courtyard which is now smaller than before and has a glazed roof forming a top-lit atrium.

The colour scheme of the new parts of the building is based on the grey of the exposed concrete. The spatial density of the entrance hall contrasts strikingly with the spaciousness of the large atrium with its glass roof.

From the ramps visitors can look through a row of slender columns into the hall, and then as they climb higher they can look down onto it.

La nueva galería de arte se levanta al lado y en el interior de una antigua fábrica de tabaco abandonada. En planta baja, unas columnas inclinadas tratadas con un enfoscado grueso bajo pequeñas bóvedas marcan los límites del espacio. Por encima de este ámbito, dos hileras de columnas, algunas de madera, otras de hierro fundido, crean tres corredores que atraviesan lo que fueron dos talleres de producción.

En el proyecto de Krischanitz, la antigua estructura del edificio se trata con gran cuidado. La nueva estela de hormigón frente a la entrada es el único indicio visible de que algo ha cambiado en el interior. El amarillo de las paredes y el marrón de las carpinterías evocan el mundo del tabaco. La cuidadosa yuxtaposición de lo antiguo y lo nuevo se ve también en el hecho de que los desagües de las partes nuevas se encuentren bajo los aleros del edificio existente.

Krischanitz coloca un gran volumen cuboide en el patio, un nuevo elemento de vidrio y hormigón que crea un espacio dinámico mediante su relación con la antigua construcción. Este dispone, en el entresuelo, de una gran sala de exposiciones que se ilumina desde los lados mediante ventanas altas que pueden ser tapadas. En el nivel inferior se encuentra un auditorio escalonado. Un pasillo de servicio de dos niveles a un lado y un conjunto de rampas al otro proporcionan conexiones con el edificio antiguo, rodeando el patio, que tras la intervención es más pequeño y tiene una cubierta acristalada que forma un atrio con iluminación cenital.

El esquema de color de las nuevas partes del edificio está dominado por el gris del hormigón visto. La densidad espacial del vestíbulo contrasta fuertemente con la amplitud del gran atrio acristalado.

Desde las rampas, el visitante puede mirar hacia el vestíbulo y contemplar los niveles inferiores a medida que asciende a las salas de exposición superiores.

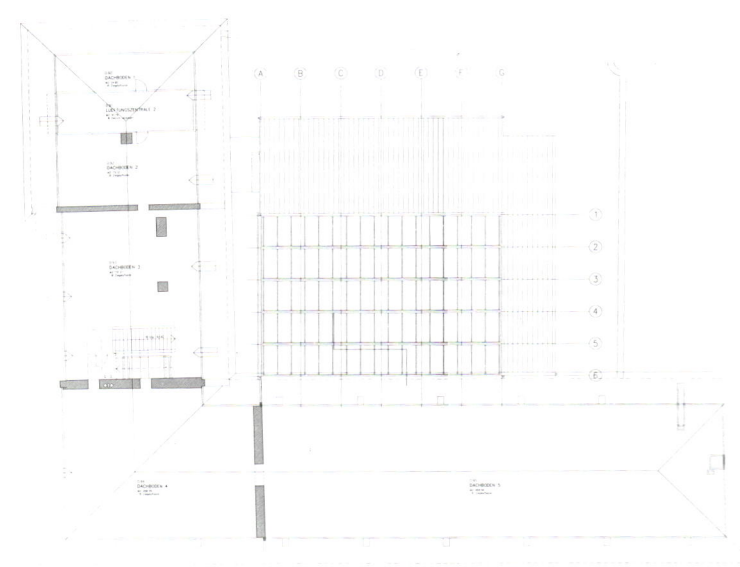

The new art gallery is located in an old tobacco factory. Except for the new concrete stela located at the entrance, nothing seems to indicate the change that has been made in the interior.

La nueva galería de arte se encuentra ubicada en una antigua fábrica de tabaco. Aparentemente, y a excepción de la nueva estela de hormigón situada frente a la entrada, nada indica el cambio producido en el interior.

222

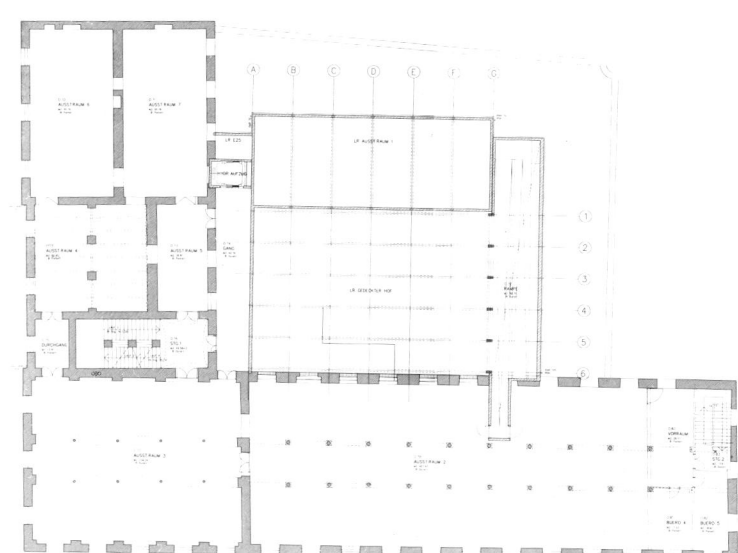

First floor plan / *Primera planta*

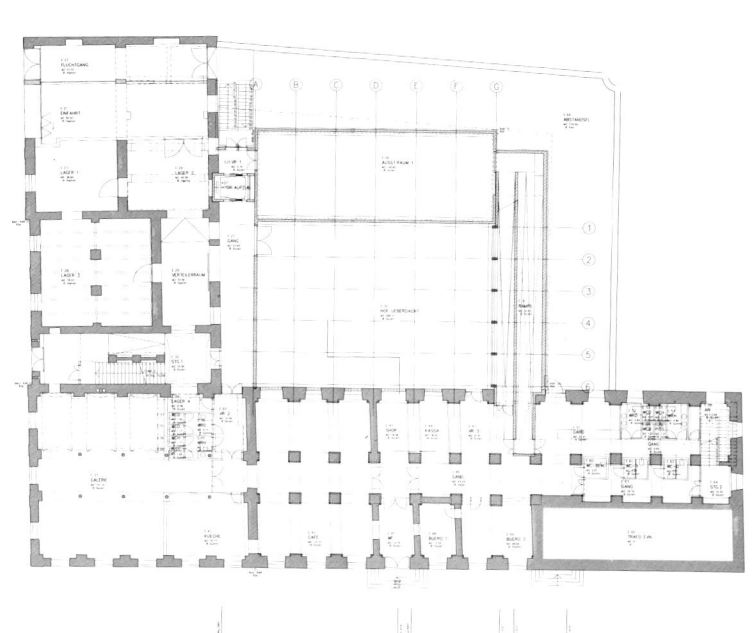

Ground floor plan / *Planta baja*

Basement floor plan / *Planta sótano*

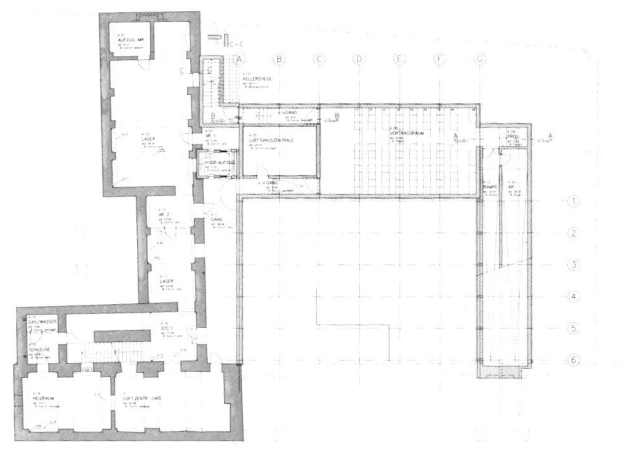

The architect has extended the useful surface of the building through the addition of a large cubic volume of glass and concrete that energises the dialogue with the old construction.

El arquitecto ha ampliado la superficie útil del edificio mediante la adición de un gran volumen cúbico, realizado en vidrio y hormigón, que dinamiza el diálogo con la antigua construcción.

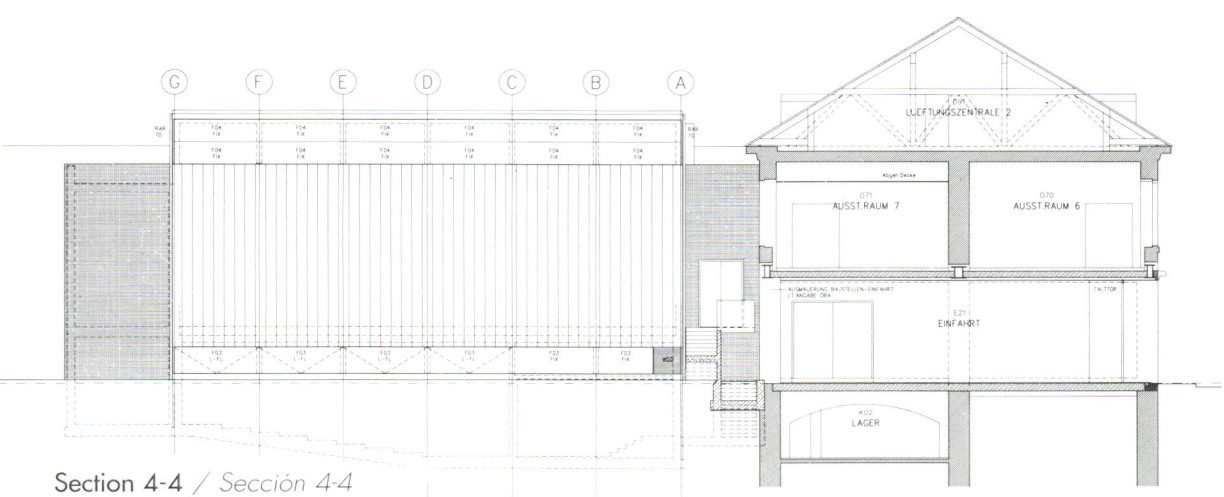

Section 4-4 / *Sección 4-4*

The old building is connected to the new extension through a set of ramps and a service corridor located at both sides of a top-lit atrium.

Las conexiones entre el edificio antiguo y la nueva ampliación se llevan a cabo a través de un conjunto de rampas y de un pasillo de servicio, situados a ambos lados de un atrio con iluminación cenital.

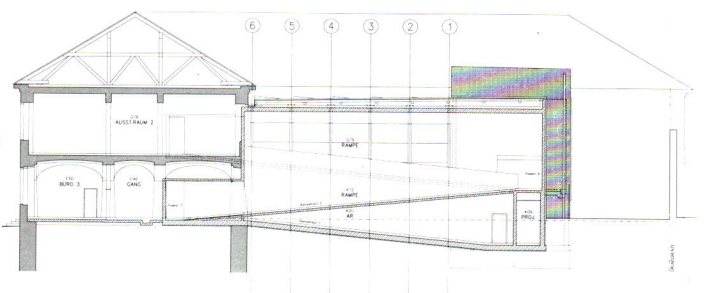

Section 11-11 / *Sección 11-11*

227

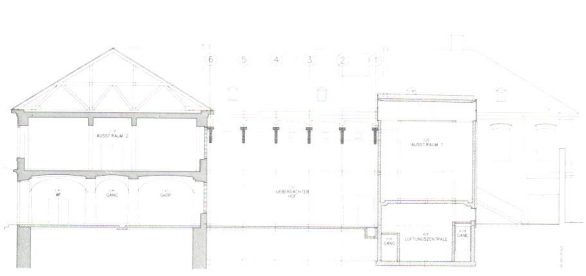

Section 8-8 / *Sección 8-8*

Section 3-3 / *Sección 3-3*

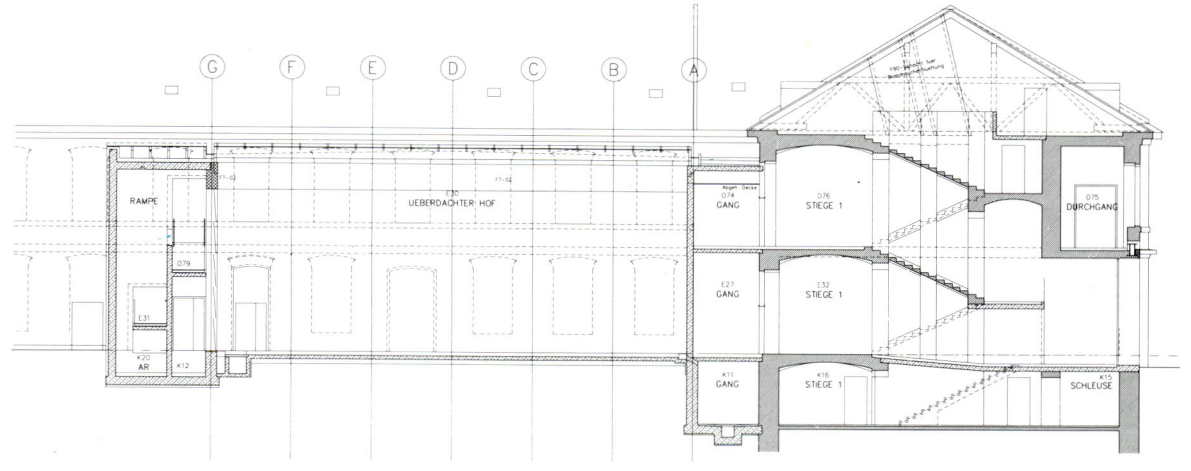

Erick van EGERAAT

ING Bank & NNH Headoffices (Budapest, Hungary) 1995

The client, Nationale Nederlanden, chose a nineteenth-century building for its Budapest headquarters. For its rehabilitation, the company chose the Dutch architect Erik Van Egeraat.

In the project, an approach was chosen to deliberately combine a reconstructive restoration with alien additions.

The truly authentic parts of the richly ornamented Italianate building were painstakingly restored. Joining these, the new cellars, the glazed roof and the "whale-shaped" boardroom constituted the foreign elements whose contemporary architectonic elaboration contrasts starkly with the existing building. The design does not attempt to antagonise the old or the new, but combines them because of the clear structure of the building and the fresh new light coming from above.

The Whale itself contains a boardroom and a coffee-corner. By the use of irregular curves, it was possible to freely form the Whale with regards to a diversity of internal spatial wishes. Its appearance therefore becomes powerful but not overbearing. External factors, such as the spatial counterform and the desire for southerly light to penetrate deep into the staircase, inspired an image of a modern lantern. It is built of 26 unique laminated timber frames that are hung on the main, steel load-bearing structure which in turn supports two concrete floors. The skin is analogous to shipbuilding, built up of orthogonal battens. On the outside it is finished with zinc and on the inside with linen. The transparent part of the Whale is made of naturally coloured curved glass. The laminated glass beams of the roof support the transparent sea of clear glass in which the Whale comfortably floats.

The project as a whole is thus a manifesto against carping conservatism. It means also a message in favour of reinterpretation using contemporary means without automatically resorting to 'high-tech'.

El cliente, el banco Nationale-Nederlanden, eligió para su sede en Budapest un edificio de viviendas decimonónico. Para su remodelación, la compañía escogió al arquitecto holandés Erick van Egeraat.

En el proyecto, una de las ideas de partida fue combinar la restauración del antiguo edificio con la incorporación de revolucionarios añadidos.

Los elementos antiguos del ornamentado volumen fueron cuidadosamente restauradas, mientras que los sótanos, la cubierta acristalada y la sala de juntas –el volumen bautizado como la Ballena– son los nuevos elementos cuya moderna naturaleza contrasta fuertemente con el edificio existente. El diseño no intenta hacer antagónicos lo antiguo y lo nuevo, sino que los combina con la clara estructura del edificio y la nueva luz cenital que penetra a través de ella.

El volumen de "La Ballena" contiene la sala de reuniones y un pequeño rincón para la máquina de café. Mediante el uso de curvas irregulares, fue posible dar forma al volumen vidriado en base a la diversidad espacial deseada. Su apariencia es muy poderosa pero no impositiva. Factores externos, como la reforma espacial y el deseo de entrada de luz por el ángulo sur, lo cual hiciera posible la iluminación de la caja de escaleras, inspiraron la imagen de un moderno faro urbano. Este está construido con una estructura de madera, que se suspende de la estructura maestra de acero, que soporta dos plantas de hormigón. La piel es análoga a la estructura, construida con listones ortogonales. La parte exterior se resuelve mediante zinc y la interior con lino. La transparente piel de la ballena está fabricada con vidrio curvado y coloreado. Las vigas de vidrio de la cubierta soportan el mar transparente de cristal en el que confortablemente flota la Ballena.

La intervención, en su totalidad, supone un manifiesto contra el acartonado conservadurismo. Representa, además, un mensaje a favor de la reinterpretación de arquitecturas mediante el uso de medios contemporáneos que no impliquen necesariamente el manido recurso del High Tech.

The intervention was born of the firm desire to destroy any similarity between the old and the new. The project seeks to be everything that the old building is not.

La intervención nace de la voluntad de transgredir, destruyendo cualquier similitud entre lo nuevo y lo anterior. El proyecto busca ser todo aquello que el viejo edificio no es.

The roof level is dominated by a totally glazed organic mass that obviously challenges the symmetry of the existing building and was called the "whale".

La planta de cubierta se encuentra dominada por una masa orgánica totalmente acristalada que desafía de forma evidente la simetría del edificio existente y que ha sido bautizada como "la ballena".

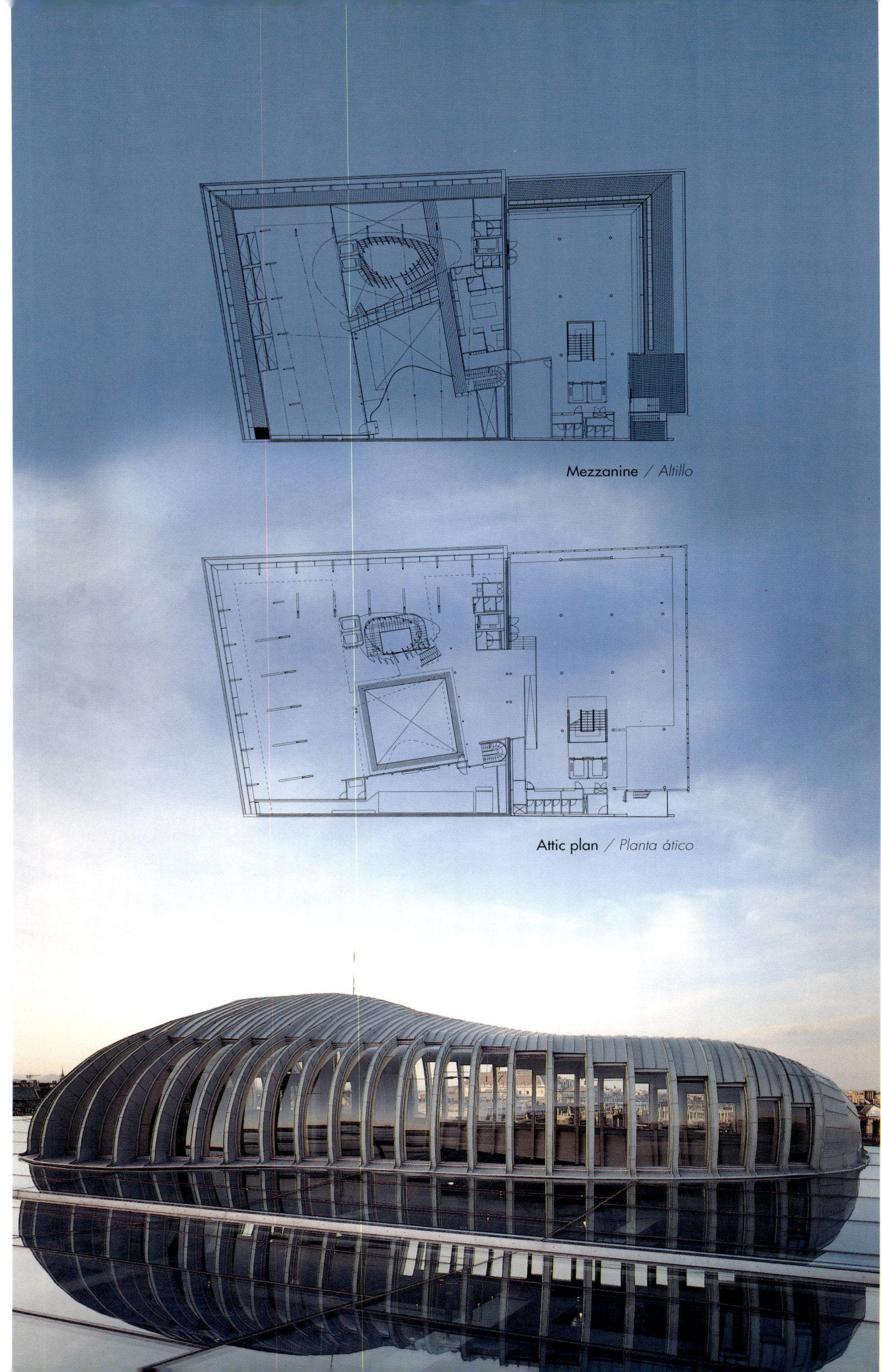

Mezzanine / *Altillo*

Attic plan / *Planta ático*

As on the outside, the inside of the building is dominated by the "whale", an element that penetrates violently into the upper level and seems to defy gravity. Functionally, besides enlarging the space, this enormous element gives light to the top floors of the building.

Como en el exterior, el interior del edificio se encuentra dominado por la presencia de "la ballena", un elemento que penetra de manera violenta en el nivel superior, y parece desafiar las leyes de gravedad. Funcionalmente, además de ampliar el espacio, esta enorme pieza baña de luz cenital las últimas plantas del edificio.

€ 140.000

€ 140.000